A CULTURA POPULAR GERANDO IDEIAS NA EDUCAÇÃO INFANTIL
ITINERÁRIO PEDAGÓGICO

CANDU MARQUES   LU MENDES

A CULTURA POPULAR GERANDO IDEIAS NA EDUCAÇÃO INFANTIL
ITINERÁRIO PEDAGÓGICO

1ª· Edição - 2012
São Paulo

Copyright © 2012 by Candu Marques
Copyright © 2012 by Lu Mendes

Editores:
Walter Ono
Zeco Homem de Montes

Edição de arte:
Walter Ono

Revisão:
Ruth Sá

Ficha Catalográfica elaborada por:
Silvia Maria Azevedo de Oliveira CRB/8 – 4503

Marques, Candu

A cultura popular gerando ideias na educação infantil – itinerário pedagógico / Marques Candu; Lu Mendes. São Paulo, SP: ÔZé Editora, 2012. 176 p.

ISBN 978-85-64571-17-4

1. Formação Pedagógica I. Lu Mendes
II. Título.

CDU 371.132

Todos os direitos reservados
ÔZé Editora Ltda.
www.ozeeditora.com.br
Impresso no Brasil / 2012

Agradecimentos

Aos pais e educadores da Escola Pirâmide, nossos amigos e companheiros das primeiras excursões desbravadoras no mundo da criança.

Aos educadores que participam e já participaram do Centro de Educação e Desenvolvimento Infantil Espaço Aberto, e que ano após ano têm renovado o repertório da infância, percorrendo o itinerário de seus alunos.

À equipe da Educação Infantil Municipal de São Bento do Sapucaí, pela tarefa transformadora de legitimar a infância para além dos portões da escola, abrindo a roda de saberes de sempre para a comunidade de hoje.

Aos amigos e mestres Regina Machado e Ricardo Azevedo, pela presença, encontros e ensinamentos.

A Carla Milano e Zeco Montes, nossos amigos e incentivadores pontuais.

A Mario, Levi, Julia, Helena, Tomás e Miguel, pela grata oportunidade do convívio e seus próprios desafios.

A todas as crianças que por vezes nos escapam, anunciando, em alto e bom tom, a riqueza e o vigor do imponderável.

Candu e Lu

Índice

Prefácio 11

I – Introdução 13

II – O itinerário Pedagógico e o desenvolvimento 16

III – Descrição do itinerário 19

IV – Dinâmica do itinerário 21

V – Orientação da leitura 25

VI – As janelas ou áreas do Itinerário 27

    Sete chaves – Perguntas do enredo 27

    Mundos e fundos – Material vira linguagem 30

    Ecos da rua – Brinquedos falados e cantados 33

    Olho vivo – Varal de imagens 36

    Ver pra crer – Atividade experimental 39

    Terceiro andar – As três dimensões das expressões plásticas 42

    De cá pra lá, de lá pra cá – Migração de experiências 43

    Corpo e alma – Corporeidade, gesto e postura 45

    Boca no trombone – Pesquisa de toda sorte 48

    Bom de bico – Palavra falada 51

    Sopa no mel – Lição de casa 54

    O que é? O que é? – O todo na parte 55

VII – Testes 58

    João e o pé de feijão 58

    Maria Borralheira 61

    O bode e a onça 67

VIII – João e o pé de feijão 72
    Atividades no Caderno do Itinerário 76
    Registro no Tabuleiro do Itinerário 84
IX – Maria Borralheira 94
    Maria Borralheira 94
    Atividades no Caderno do Itinerário 99
    Registro no Tabuleiro do Itinerário 111
X – O bode e a onça 124
    O bode e a onça 124
    Atividades no Caderno do Itinerário 127
    Registro no Tabuleiro do Itinerário 140
XI – Revista do Itinerário 154
    Cultura e identidade 154
    Trovinhas e adivinhas 155
    O espaço da sala de aula 159
    Jogo de amarelinha X Itinerário Pedagógico – Uma conversa
   161
    Fabuloso Zofir 162
    O olho vivo de Elifas Andreato 163
    O primeiro gesto da criança pelas palavras "selvagens"...........164
    O Tempo do brinquedo 166
    O que o Itinerário pode oferecer ao professor 168
    Ocorrências do Itinerário 169
XII – Referências bibliográficas e discográficas 172

Prefácio

Honrada mas impactada foi como me senti ao receber o convite para escrever o prefácio. Uma baita responsabilidade, foi o que pensei, mas comentar o livro e suas autoras, será como falar de uma de minhas amadas irmãs e suas conquistas...

Acredito em encontros "providenciais", o de Lu e Candu foi um desses que a vida trata de arranjar para ver sementes brotarem e frutos bons serem colhidos. Aconteceu em 2009 o nosso encontro. O pedido para as autoras foi reestruturar todo o trabalho pedagógico a ser desenvolvido na Educação Infantil de São Bento do Sapucaí, já que há anos pouco havia de sólido e visível do que se fazia com crianças de 4 e 5 anos naquela comunidade.

A prioridade era alicerçar ações pedagógicas diferenciadas, tendo como ponto de partida a clareza do processo de desenvolvimento humano, suas etapas de crescimento e teorias sobre o potencial e a capacidade das crianças pequenas. Sair do programa padrão, estabelecido, engessado e entender como de fato as crianças expressam suas inteligências e experiências e ainda respeitar essas interpretações infantis que se apresentariam no espaço de sala de aula foi o proposto pelo Itinerário Pedagógico.

É preciso dizer que temos os professores certos trabalhando de modo errado; o Itinerário vem como instrumento e proposta de nova forma de planejar e registrar o que for ser vivido no tempo e no espaço em que coabitam professor e aluno.

A ferramenta aqui apresentada por Lu e Candu tem como base a escolha (a dedo) de um acervo literário e o uso da cultura popular. A partir dos livros das histórias, do brincar, da poesia, das cantigas e de um ambiente educacional preparado, esse trabalho faz brotar, em quem experimenta tais conteúdos e atividades, vivências de si mesmo, da vida em família e de amigos de forma espontânea e natural.

Com esse repertório o educador terá oportunidade de, com emoção e conhecimento, facilitar o desenvolvimento de seus alunos.

E é com toda essa bagagem que Lu e Candu seguem com seu trabalho, nos fazendo experimentar, relembrar, resgatar a criança em nós e assim chegarmos mais perto de nossas crianças!

O encanto das lembranças da nossa infância, quando as brincadeiras e cantigas de nosso tempo preenchiam nossos saberes, faz com que cada educador, sensibilizado e atento, provoque uma participação efetiva do seu grupo.

Seguimos em frente nesse Itinerário, expandindo o trabalho na comunidade, que tem recebido nossos alunos, compartilhado seus afazeres, histórias , respondido aos anseios e às questões infantis. A festa no final do ano de 2011, com a apresentação da peça de Antonio Madureira, *O Baile do Menino Deus,* no bairro Quilombo, veio coroar o trabalho da Educação Infantil em curso na cidade de São Bento de Sapucaí. Os portões das nossas escolas foram abertos e uma via de mão dupla se edificou. As salas de aula se multiplicaram, os endereços se diversificaram. As casas e quintais, os laboratórios, as praças, as padarias, a prefeitura, a casa da cultura, a pedra do baú, os bairros passaram a sediar as pesquisas, os encontros e as expressões dos nossos alunos.

Caminhamos com a Educação Infantil, portando o Itinerário Pedagógico em direção às experiências significativas e ao brincar, fundamentos que precisam ser lembrados, relembrados, vividos e reconhecidos como conhecimento.

Parafraseando filósofo brasileiro, "gente não nasce pronta e vai se gastando, gente nasce não-pronta e vai se fazendo".

Elizabeth Borges – Educadora
São Bento do Sapucaí – SP
Março/2012

I - INTRODUÇÃO

Itinerário Pedagógico
A cultura popular gerando ideias na educação infantil

A relevância da primeira infância no desenvolvimento de um indivíduo deve ser considerada ao se pensar nas práticas pedagógicas das escolas. Frequentemente a Educação Infantil é pensada apenas como estágio preparatório para os anos que se seguem. A ferramenta de trabalho aqui apresentada, o **Itinerário Pedagógico**, considera que a forma de conhecer e aprender dos alunos modifica-se ao longo do desenvolvimento dos mesmos, o que significa pensar a educação das crianças pequenas a partir de um referencial próprio.

Um ambiente educacional - currículo, educadores, atividades, brinquedos, livros - que se apoie somente em uma estrutura padronizada, por ser afastado das peculiaridades e sutilezas do desenvolvimento infantil, corre o risco de não alcançar as crianças, de não se comunicar com elas. É necessário, portanto, ter precisão na linguagem e saber identificar os caminhos que a curiosidade e a busca pelo conhecimento dos alunos percorrem. Tarefa que é naturalmente facilitada pela oferta de uma literatura de qualidade e produtos da cultura popular, que espelham muitos dos saberes vividos pelas crianças.

Nas próximas páginas será apresentado o **Itinerário Pedagógico**, um instrumento de planejamento e registro, para aproveitamento da cultura popular como geradora de idéias na educação infantil.

Um instrumento com essa finalidade se justifica já que a cultura popular está no campo da experiência e é pouco usada como meio e alavanca das diferentes linguagens possíveis da expressão de educadores e alunos. Abrange, ao conceber as experiências humanas, as relações pessoais, as emoções, os conflitos, as ambiguidades, as questões morais, a linguagem e a subjetividade. Na educação infantil é tarefa visível o manejo com as complexidades e impulsos humanos, pois é nessa época que se mostram em suas primeiras expressões.

O trabalho do educador, o cotidiano com crianças e jovens, a construção de espaços de convivência levam ao entendimento em experiência de que todos os espaços das ações humanas se fundam em emoções. Frequentemente, quando a dinâmica emocional do aluno não coincide com a do educador , este último tende, num primeiro momento ao menos, a renegá-lo, porque sua preocupação maior está em cumprir o "planejamento". Mas, o professor atento, que procura conhecer seus próprios desejos e os dos alunos, encontrará ações pedagógicas que irão contemplar o domínio de ações do grupo, nas diferentes linguagens e inteligências. Acercando-se de olhares diversificados, ele encontrará em sua ação, em seu próprio trabalho, a motivação para alcançar o maior tempo possível um estado de criatividade e também maneiras de relacionar-se com a diversidade do seu grupo de crianças, aproveitando-se dessa diversidade para realizar um trabalho eficiente e rico em ideias.

Os repertórios da cultura popular presentes na memória, na transmissão oral, em versões publicadas e destinadas à criança de hoje, são dispositivos que reforçam o sentido da convivência, já que retratam um mundo de exuberante diversidade: personagens, lugares e paisagens variadas que surpreendem; rimas de amor e humor que aproximam gentes de muitas origens; adivinhas e enigmas que fazem do conhecimento uma caixa de surpresas; contos de aventura e encantamento que abrem caminhos ainda não percorridos. O contato com esses conteúdos vai, aos poucos, parecendo-se com a vida.

É importante lembrar que a cultura popular, através de seus provérbios, adivinhações, representações dramáticas, é transmitida desde tempos remotos, de memória em memória, de geração a geração. Os povos primitivos e outros agrupamentos humanos, mesmo desconhecendo a leitura e a escrita, nunca deixaram de compor seus poemas, suas lendas, suas histórias.

A cultura popular sempre nasce da experiência humana, do esforço do homem para adaptar-se à sua condição na Terra. Dessa forma, ao mesmo tempo em que ela é diversa em cada país, é similar no mundo todo. Quem não terá ouvido um ditado popular no mínimo em duas versões? Uma mesma brincadeira com algumas variações? A cultura popular é uma fonte de conhecimento rica e milagrosa, porque, entre outras coisas, trata dos impulsos e expressões humanas. A sua linguagem é comum, representa a preservação da existência do elo entre os povos e os séculos.

Então, como pode a cultura popular estar fora dos primeiros anos da escola se esse é um lugar onde crianças e jovens devem receber a oportunidade de ampliar o desenvolvimento de suas personalidades, a comunicação, a descoberta do outro, a compreensão do mundo?

A cultura popular não só deve fazer parte do currículo da educação infantil, como também ser entendida como instrumento de atualização do professor, uma vez que ele é mediador entre a criança e o mundo.

O Brasil é um país onde a capacidade de falar e expressar a vida através da oralidade se espalha entre as pessoas, em suas brincadeiras, versos e cantorias populares. Por que não fazer uso dessa exuberância cultural, se é da competência do educador, usar a palavra falada como forma de expressão, e se dessa depende boa parcela da motivação dos alunos para o conhecimento? Levar esse privilégio para educação infantil é, portanto, imperativo.

II – O ITINERÁRIO PEDAGÓGICO E O DESENVOLVIMENTO

O Itinerário Pedagógico nasce da vontade de atender os professores preocupados em acompanhar o desenvolvimento de seus alunos, de forma a ser um facilitador do conhecimento, o que significa abrir caminhos, ser cúmplice das propostas infantis e aventurar-se a conhecer as crianças em sua subjetividade, ajudando-as a participar ativamente de um grupo, conhecendo sobre si e sobre o outro.

> *Quando damos a uma criança um urso ou uma boneca, ela encontra, certamente, o uso "razoável" que a sociedade previu e espera que ela tenha um uso já complexo: papel passivo de consolador, papel ativo "maternal", que prepara, desde a mais tenra idade, para a futura mãe. Mas a criança descobre, também, outros empregos imprevistos e fantasistas: senta o urso num sofá para contar-lhe uma história, faz com que ele viva mil aventuras imaginárias palpitantes. Joga-o no ar, o mais alto possível, para ver o que acontecerá e pelo prazer de realizar o que teme e não pode fazer com o seu próprio corpo, que é viver em seu lugar experiências de gravidade e de levitação. Em todas essas atividades, o despertar da inteligência e o da imaginação caminham juntos e constantemente se enriquecem no poder.*
> Jacqueline Held

O professor da educação infantil atento e entusiasmado reconhece essa experiência, sabe que quando seu aluno "joga o urso no ar" está refletindo uma vontade que está nele, seu corpo já está praticamente no ar, portanto, são impulso e expressão que devem e podem ser atualizados em outros momentos, como nas brincadeiras de roda, pular corda, ou saltar obstáculos.

Esse instrumento de planejamento, o **Itinerário Pedagógico**, indica condições e possibilidades diversas do brincar, das histórias infantis, da cultura popular e das diferentes linguagens como grandes aliados do professor na construção de seu projeto e trabalho educacional. Revelam-se como conteúdos e formas para planejamento de atividades ligadas às experiências e desenvolvimento das crianças.

Se esses elementos fornecem a base para o reconhecimento da infância e seu potencial, enriquecendo o trabalho da educação infantil com o aluno, são ainda veículos para formação da expressão do educador, como profissional e cidadão.

Uma conversa necessária: o planejamento do professor e o repertório dos alunos.

O trabalho do educador é promover o crescimento e o desenvolvimento de seus alunos. É importante salientar que mesmo estando num grupo onde todos são reconhecidos, isto por si só não garante o desenvolvimento de cada um, é preciso seduzir e cativar o aluno a partir da conversa entre o material planejado disponível e suas experiências e referências de vida.

É necessário prever alguns espaços onde seja possível a participação e a colocação do grupo; é preciso estar atento às oportunidades que tragam o elemento surpresa e provoquem a criatividade de todos. Essas oportunidades são consideradas como o espaço que se abre entre a atuação do professor e a participação efetiva do aluno na narrativa em curso na ação pedagógica.

O pano de fundo da proposta desse livro, **Cultura popular gerando ideias na educação infantil – Itinerário Pedagógico**, é formar leitores do mundo, e assim, naturalmente, formar leitores de histórias, que saberão reconhecer nessas narrativas, temas recorrentes a qualquer comunidade.

O **Itinerário** é um fomentador de ideias para se trabalhar com conteúdos da cultura popular. Sua aplicação mostra como olhar essa cultura popular através de diversos pontos de vista, diferentes, mas complementares. Propõe que um determinado conteúdo ou assunto entre no cotidiano escolar contemplado de vários ângulos, flexibilizando a percepção do professor em relação à didática em sala de aula, no que se refere à transmissão de conhecimento.

III – DESCRIÇÃO DO ITINERÁRIO

Esse instrumento de planejamento e registro da prática pedagógica dispõe de **doze áreas, janelas** que se abrem para a cultura, batizadas com nomes originados da própria cultura popular; nomes facilmente traduzíveis por aqueles que se dispõem a conhecer a natureza humana, a formação do conhecimento que se dá na experiência. Essas **doze áreas** delineiam um território que crianças em desenvolvimento devem ocupar, pois em cada uma delas estão indicadas experiências motivadoras do desenvolvimento da vida mental infantil. Ideias e ações pedagógicas poderão ser vistas nas próximas páginas, partindo dessas **áreas, janelas** ou pontos de vistas que qualificam o viver da infância, ampliando o trabalho com a cultura popular na escola.

As **doze áreas** ou **janelas** são sustentadas por **quatro pilares** que auxiliam no discernimento das escolhas de práticas pedagógicas:

1. O desenvolvimento infantil, considerando o potencial, as qualidades pertinentes a cada etapa;
2. A cultura popular como meio de comunicação entre as crianças;
3. O brincar como via de aquisição de conhecimento e experiências através do exercício da vida imaginativa;
4. O espaço como possibilidade de acolhimento da infância.

O **Itinerário Pedagógico** considera a necessidade natural do ser humano de interagir, de conhecer-se através da relação com o outro, da necessidade de movimentar-se livremente, de brincar, de agir no presente, de se constituir em diferentes linguagens.

> *Desde o princípio da aventura humana, a cada estágio de nosso desenvolvimento, devemos realizar transações com o nosso entorno, cada vez menos biológico e cada vez mais afetivo cultural.*
>
> Boris Cyrulnik

As áreas

São traduzíveis como as **doze janelas**, que se abrem para brincadeiras, literatura, histórias, poesia, parlendas, cantigas, contos e adivinhas.

Cada janela recebeu um nome e um sobrenome. O primeiro, mais sintético, simbólico, inspirado na cultura popular. O segundo, mais explicativo da ação pedagógica. Por exemplo, uma das áreas recebeu o nome **Bom de bico** e o sobrenome **Palavra falada**.

Todas as áreas ou janelas se relacionam com aspectos da mente infantil em desenvolvimento, que necessitam de prática e uso diário, através de atividades próprias. Como a janela, cujo nome é **Ver para crer** e o sobrenome é **Atividade experimental**, que atende à necessidade de experimentação das crianças em exercer sua capacidade de operar sensorialmente sobre a realidade. O padrão das propostas desta área diz respeito as ações como misturar água com areia, tintas ou folhas, ou então, receitas culinárias com fermento, farinha, água e calor. As atividades da janela **Terceiro andar – As três dimensões das expressões plásticas**, voltadas para a necessidade e a capacidade do ser humano de esculpir seu campo sensorial misturando cores, alinhavando formas, descobrindo e construindo novas imagens e cenários.

IV – DINÂMICA DO ITINERÁRIO

1. O registro do Itinerário é realizado primeiramente em um caderno comum, nomeado de **Caderno do Itinerário**, no qual será feito o detalhamento das propostas pensadas e arquitetadas pelo professor.

2. No **Tabuleiro do Itinerário** e suas respectivas janelas cabe o registro resumido do que foi pensado como proposta, anotações breves sobre a realização do planejado e a síntese de possíveis insights. O registro do Itinerário no tabuleiro, apresentado na imagem a seguir, traz **doze áreas** distribuídas horizontalmente na frente e no verso de uma folha sulfite, de preferência em tamanho A3. Verticalmente, em cada área, há **três passos** a serem observados:

. **Proposta** – refere-se à idéia a ser desenvolvida, isto é, o que é planejado para ser realizado;

. **Realização** – identifica o que foi idealizado na prática pedagógica, isto é, como aconteceu aquilo que foi planejado;

. **Novas ideias ou investigações** – considera o que foi descoberto durante a realização refletindo e/ou projetando novos passos para uma possível continuidade do trabalho.

3. Seguindo-se esses passos, emerge a dinâmica das ações devidamente registradas no tabuleiro, naquilo em que dialoga com seus interlocutores, ou seja, aqueles que acompanham o trabalho: coordenadores, professores, supervisores e auxiliares.

4. A descrição das atividades no **Caderno do Itinerário** e o registro no **Tabuleiro do Itinerário** serão expostos nos próximos capítulos.

Tabuleiro do Itinerário

	TERCEIRO ANDAR As três dimensões das expressões plásticas	O QUE É? O QUE É? O todo na parte	SETE CHAVES Pergunta do enredo	DE LÁ PRA CÁ DE CÁ PRA LÁ Migração de experiências	ECOS DA RUA Brinquedos falados e cantados	Co ges
PROPOSTA O que vou fazer						
REALIZAÇÃO O que foi feito						
INVESTIGAÇÃO/ NOVAS IDEIAS						

5. No tabuleiro a disposição horizontal das janelas e os espaços verticais das etapas do planejamento sugerem a dinâmica de um jogo. O preenchimento completo de uma área pode inúmeras vezes, conduzir a(s) outra(s), evidenciando o fluxo de um planejamento permeável às experiências dos jogadores em questão: alunos e educadores.

Confira o texto *O Jogo da Amarelinha*, na **Revista do Itinerário**.

JNDOS UNDOS	OLHO VIVO	VER PARA CRER	BOM DE BICO	BOCA NO TROMBONE	SOPA NO MEL
erial vira juagem	Varal de imagens	Atividade experimental	Palavra falada	Pesquisa de toda sorte	Lição de casa

6. O tabuleiro deverá ser preenchido em um prazo determinado, o período de 21 em 21 dias é razoável para planejamento, realização e investigação das propostas. Depois desse período, um novo tabuleiro deverá ser preenchido.

7. Pode ser escolhido um livro, uma história, um assunto como fontes geradoras de ideias e propostas para o preenchimento de um ou mais tabuleiros.

8. Uma atividade que não tenha sido planejada, quando o

grupo, por alguma razão, se concentrar em uma descoberta, pode anteceder a seu registro, nesse caso, a proposta acontece e o registro é feito posteriormente na janela que mais qualificar os objetivos e resultados alcançados.

9. Os professores devem sempre avaliar e, se necessário ajustar os registros das atividades às suas respectivas áreas, porque, muitas vezes, uma mesma atividade contempla mais de uma área de atuação. A reflexão e a avaliação desses ajustes são proveitosas por estarem em pauta o entendimento das linguagens trabalhadas e o potencial expressivo das mesmas. O que determinará a definição da janela ou área serão as metas e objetivos que o professor estiver desejando alcançar.

10. A equipe pedagógica deve aproveitar o **Itinerário** e avaliar se as experiências dos grupos, em relação às diversas áreas, estão de fato acontecendo. Nessas oportunidades serão avaliadas as áreas mais ou menos fortalecidas pelo educador em seu planejamento e a necessidade de incrementar o uso das linguagens menos contempladas. Esse procedimento garante o emprego e o exercício das diversas linguagens de expressão pelos alunos no espaço da escola.

Conclusão: O tempo da ação pedagógica dos grupos é pautado pelo preenchimento das diversas **áreas** ou **janelas** do **Itinerário Pedagógico**. A cada finalização haverá projeção de uma possível continuidade, ou seja, o início de um novo Itinerário. A utilização sistemática desse instrumento garante a amplitude da mente no fazer diário dos educadores e das crianças. O **Itinerário Pedagógico** é, na prática, um instrumento de registro, focado no potencial do ser humano que está sempre se constituindo como tal. É bom lembrar que o próprio professor deve colocar-se no lugar de interlocutor e, sempre que possível, avaliar e refletir sobre o frescor, a significação e a validade de seu planejamento.

V - ORIENTAÇÃO DA LEITURA

1. **Concepção**: As áreas ou janelas do **Itinerário Pedagógico**, descritas no capítulo anterior serão primeiramente definidas por meio de seus atributos que evocam propostas e ações pedagógicas, juntamente com algumas citações de autores que referenciam essas práticas na educação infantil.

2. **Modelo de ações pedagógicas**: Na sequência das explicações das doze áreas do **Itinerário Pedagógico** estão descritas propostas para cada uma delas, baseadas em três narrativas adaptadas de contos populares: *Maria Borralheira, João e o pé de feijão, O bode e a onça*. As propostas incluem atividades que associam o repertório das crianças às narrativas e estão registradas em seus respectivos Itinerários Pedagógicos, tanto no caderno, como no tabuleiro.

3. **Registro**: O registro dos três passos, descrições das propostas, suas realizações e as novas ideias sugeridos nas doze casas do **Itinerário Pedagógico**, foi inspirado em trabalhos já realizados em escolas e sistemas de Educação Infantil onde esse instrumento é aplicado. Desse modo, o **Tabuleiro do Itinerário**, tanto no espaço reservado para a realização e reflexão sobre o desenvolvimento das atividades, como no espaço reservado para as novas ideias, apresenta os pequenos textos escritos na primeira pessoa, sugerindo como estariam registradas as atividades desenvolvidas e a reflexão das mesmas.

4. **Versões das narrativas**: As três narrativas, *Maria Borralheira, João e o pé de feijão, O bode e a onça*, que antecedem o desenvolvimento das respectivas propostas, são exemplos de como os contos populares sintetizam conteúdos identificados a experiências humanas.

5. Consulta: A Revista do Itinerário, que se encontra no final desse livro, traz textos, pontualmente sugeridos no decorrer das reflexões e propostas de atividades das **doze áreas** ou **janelas** do **Itinerário Pedagógico.**

VI - AS JANELAS OU ÁREAS DO ITINERÁRIO

SETE CHAVES

Sete chaves – Perguntas do enredo

A história fala, mas seu sentido se completa ao encontrar eco no mundo interior daquele que ouve.
Sandra Guardini

A ação pedagógica do **Itinerário** está pautada no conhecimento e na formação do professor, em suas experiências individuais em sintonia com o coletivo, que poderão variar dentro de um grupo familiar, religioso, profissional, de amigos, um grupo de estudos ou via internet.

Desde muito cedo, no início da vida no mundo, o ser humano já se encontra em processo de aquisição de conhecimentos significativos.

Esse prelúdio é ofertado pelo **Itinerário** a cada início de trabalho do educador, como se uma cortina se erguesse e recomeçassem – por meio dos conteúdos selecionados – a renascer histórias, cenários, objetos, falas, experiências compartilhadas, apontando sempre para a sustentação de uma ordem em curso.

Mais do que um ponto de partida, é um caminho de volta à infância que o professor segue, aventurando-se a redescobrir o mundo: o mundo das coisas, das pessoas, das palavras, dos lugares, das horas, num percurso habitado por suas emoções, contatos, encontros e história.

O real não está nem na chegada nem na partida: ele se dispõe para a gente é no meio da travessia.
Guimarães Rosa

Dessa janela – **Sete chaves - Perguntas do enredo** – o professor, como sujeito de sua própria ação, encaminha o processo de aprendizagem.

Estão presentes o aquecimento e a sensibilização para o desenvolvimento do trabalho. Essa área é preenchida pelas questões relativas ao projeto e ao enredo literário selecionado. Como a literatura popular remete o ouvinte ou o leitor a perguntas e experiências já vividas ou não, a janela Sete chaves abre no **Itinerário** a possibilidade desses saberes e indagações presentes no imaginário popular virem à tona, favorecendo a investigação do que está em pauta, promovendo a leitura real das experiências.

Num primeiro momento, o professor investiga suas experiências de vida, seu repertório de conhecimentos e inquietações, e num segundo, face à leitura do provável desenrolar do trabalho, especula as experiências vividas ou possíveis de serem vividas por seus alunos.

É notório como uma boa história da cultura popular tem o poder de acordar o ouvinte, de promover o despertar de outro enredo vinculado a sua subjetividade, revelando a máxima: quando o ser humano cresce em contato com suas experiências, desenvolve-se em narrativa, constituindo-se, inventando a vida, inventando-se. A grande testemunha desse processo é a existência incontestável da cultura popular.

A dinâmica estabelecida nessa primeira janela, nomeada como **Sete chaves**, é também um convite ao professor e aos seus alunos a se descentralizarem, a descobrirem outras histórias de vida, outras culturas. Essa área vai aos poucos se compondo de acontecimentos, novas descobertas e experiências.

Quando o educador desenvolve o hábito, juntamente com os alunos, de ouvir, pensar, perguntar e refletir sobre uma narrativa, naturalmente reflete sobre si e amplia seu autoconhecimento. Dessa maneira, adquire maior prontidão para a empatia, desenvolvendo sua capacidade de identificar-se com o outro, reconhecendo a diversidade, o coletivo, sem que isso signifique uma ameaça a sua identidade. Essa área, de forma mais direta ou sutil, favorece, portanto, o autoconhecimento dos envolvidos no processo de aprendizagem, ou seja, aluno e professor. Para facilitar o trabalho nessa área, é preciso buscar os temas das histórias ou textos que serão trabalhados por meio das perguntas essenciais acenadas ou enunciadas pelo próprio conteúdo selecionado. No caso dos contos, por exemplo, seriam, as perguntas generalizadas em relação à narrativa: **O que é inusitado nessa história? Quais as mensagens do enredo?** Ou perguntas do professor dirigidas a ele mesmo: **Como o tema dessa história conversa com a minha própria história?** Há ainda, perguntas do professor referentes a seus alunos: **Como a narrativa desse conto popular me ajuda a pensar em meu trabalho em sala de aula? E na dinâmica do meu grupo ou na atualização do potencial humano dos meus alunos?**

> *A literatura infantil tem suas raízes em forma de comunhão com a infância, em conhecimento direto ou indireto da evolução, dos interesses sucessivos da criança. A criança evolui em função do alimento que recebe do adulto, dos educadores. Mas qualquer professor que escuta seu aluno, que lhe responde, que gosta dele, que confia em seu potencial humano, poderá desenvolver muito cedo seu humor, espírito crítico e capacidade de reflexão. Por meio dos bons livros de literatura, das boas perguntas, das reflexões. Muito cedo formará uma criança fortalecida, que saberá ler nas entrelinhas, aberta ao poético, ao fantástico, ao desconhecido.*
> Jacqueline Held

Sete chaves – Perguntas do enredo: Ótima oportunidade para o professor refletir e identificar-se com seus alunos acerca das experiências essencialmente humanas.

Mundos e fundos – Material vira linguagem

MUNDOS E FUNDOS

A inteligência só entra a funcionar com prazer, eficientemente, quando a imaginação lhe serve de guia. Suportamos e compreendemos o abstrato só quando existe material concreto na memória.
Monteiro Lobato

Nessa janela o foco é a composição dos materiais com seus suportes e continentes como base para as experiências infantis, fundamentalmente para o brincar. Essa área inclui a seleção de materiais, que devem ser os mais diversos para abarcar e favorecer a experiência dos alunos e os lugares ou continentes onde esses materiais serão armazenados. Fazendo um trocadilho com o nome literário dessa área, podemos dizer que os *mundos* de coisas desse mundo precisam de *fundos* para serem conservados e deixados à disposição de quem deles precisar, isto é, instrumentos que irão ajudar o professor propenso ou mesmo disposto a examinar e a antecipar oportunidades em sua ação pedagógica.

Essa seleção de materiais deve priorizar coisas mais simples, sem uso aparente, servindo como base e referência de um mundo motivador que se apresenta às crianças, como fonte de investigação e aprendizagem. Mundo onde elas modulam criativamente matérias que espelham significados presentes em sua imaginação.

Nos *mundos e fundos* de sacolas, caixas e gavetas devem estar um mundo de coisas úteis ao desenvolvimento e às ações dos alunos.

Muito ou tudo aquilo que já foi criado para uso e conforto do homem, teve que ser antes, imaginado.

Por meio da lida com materiais diversos, o exercício da modulação criativa se coloca para a criança, possibilitando que esse material vire linguagem: a criança projeta no mundo físico o que não está presente aos seus sentidos, mas somente em sua mente. Nesse exercício, a criança reveste algo do mundo externo por meio de sua imaginação, estabelecendo uma relação de correspondência e analogia entre o físico e o mental. Por exemplo, um monte de areia modelado criativamente poderá ser um castelo ou então panos poderão ser vistos como pássaros. Fazem parte desse "mundo" os objetos e materiais escolhidos, que são modulados criativamente e se tornam "coisas", ou seja, transformam-se em objetos significativos.

> *Nos mamíferos e primatas (não humanos e humanos), o objeto exterior que se impregna na memória íntima é polissensorial. A partir do momento em que está traçado no cérebro, o filhote percebe esse objeto de estampagem melhor que qualquer outro, o que lhe dá uma referência. Na sua presença tranquilizadora, o mundo se torna excitante, fonte de explorações e aprendizagem. Na sua ausência, o mesmo mundo, as informações sensoriais externas adquirem um valor de alerta porque a referência apaziguadora já não está ali.*
> Boris Cyrulnik

Através desses objetos já existentes, criam-se "novos objetos" e os materiais vão se tornando linguagem dentro do grupo, à medida que, juntas, as crianças projetam suas ideias, afetos e memórias ao encontrá-los e elegê-los. Definir lugares para acondicionar materiais que favoreçam a modulação criativa dos alunos, é integrar num todo, num lugar, as possibilidades presentes nos objetos, prontas a serem disparadas pelas mentes ativas das crianças.

A ideia de continente, de bagagem, está em suportes simples do cotidiano dos alunos e professores, como sacolas, caixotes ou baús, sacos, armários, gavetas etc. Recipientes que guardam e disponibilizam recursos conhecidos para possíveis experiências investigativas, relativas ao conhecimento e à aprendizagem:

. livros onde se encontram o texto trabalhado ou textos

que possam ampliar o conhecimento do grupo;

. gizes que poderão ajudar o professor a desenhar no chão – se quiser representar e registrar uma história nesse suporte – enquanto narra;

. tesoura para recortar, por exemplo, papel kraft para as crianças deitarem em cima e fazerem o contorno de seu corpo;

. outros objetos ou materiais, aqueles que costumam auxiliar o trabalho do professor, como os citados acima.

. as quadrinhas, trovinhas e adivinhas são ótimas como uso corriqueiro e podem ser registradas em papéis pequenos e guardadas no(s) continente(s) escolhido(s) como *mundos e fundos* do grupo. Em momentos significativos do movimento do grupo as trovinhas e adivinhas poderão ser sorteadas ou escolhidas uma a cada vez: para começar ou terminar uma brincadeira; como um bom dia ou boa tarde na chegada dos alunos. Esses conteúdos da cultura oral, embora façam parte da área **Bom de bico**, podem estar sempre acessíveis sintetizando experiências, pontuando ritmos das ações das crianças.

Consultar texto *Trovinhas e adivinhas* na **Revista do Itinerário**.

Achar e "ser achado" por objetos aparentemente inúteis no dia a dia e conferir-lhes significados é um exercício simples e singular desta área do Itinerário, uma atividade sempre bem vinda, porque a mente infantil está constantemente operando sobre a realidade, por meio de suas percepções e modelações criativas. Exemplo: um chapéu poderá parecer uma sacola de um lado, do outro, um banco; uma colher de sopa, se colocada na orelha de alguém, dará a ideia de um telefone dos mais antigos; se colocada em pé, poderá ser uma pessoa; uma corda, se esticada e pendurada num lugar alto, parecerá uma árvore; se colocada no chão, uma cobra. Um lenço de seda enrolado em si mesmo poderá parecer uma flor; esticado, considerando as suas duas pontas, uma embaixo do queixo de alguém, a outra em sua mão esquerda, um violino, bastando para isso que a mão direita faça os movimentos do arco do violino. O mesmo lenço, esticado no chão, pode ser uma rua ladrilhada com pedrinhas de brilhantes.

É importante saber parar e aproveitar uma novidade que surja durante o trabalho ou que seja trazida por um aluno. A partir dela, criar, por exemplo, um contexto de pesquisa. Uma borboleta que pouse "ao acaso" em um local, pode ser motivo de conversa e de investigação!

Muitas vezes, quando um determinado conteúdo está sendo trabalhado, os objetos de repente se dispõem em nosso caminho, então dizemos que fomos encontrados por eles.

 Mundos e fundos – Material vira linguagem – ótima oportunidade para o professor se organizar, prever situações e desenvolver a própria imaginação.

ECOS DA RUA

Ecos da rua – Brinquedos falados e cantados

As pedras no jardim também são brinquedos para o menino. Ele coloca-as em um cesto, faz tiro ao alvo ou cava, com as mãos mesmo, até achar a terra.
Renata Meirelles

Essa janela abre-se para as cantigas e brincadeiras dos quintais, dos pátios e das ruas. Gera um mundo onde se vive, no presente, experiências remetidas pela memória, referentes ao imaginário de um povo que cultua seus gestos, ritmos e falas. Por esse viés, abre-se a oportunidade de viver a reconstrução de um tempo, de uma cadência, pelas inúmeras organizações dos jogos de pátio, das rodas, dos versos recorrentes, das brincadeiras e desafios, experiências que despertam o sentimento de pertencimento e favorecem a formação de uma identidade.

No tempo em que os quintais eram comuns nas casas, as crianças conviviam, não havia perigo de automóveis nas ruas, nem a televisão para inocular-lhes o consumo e os desacertos da cultura adulta. Hoje, o cenário é outro, a rua deixou de ser um lugar de encontro, os prédios tomaram o lugar das casas, as telas da televisão, os computadores e os celulares ocupam o tempo das pessoas, mas a necessidade de atualizar e viver a infância continua existindo, e, nesse sentido, os ecos da rua de antigamente também, na medida em que são ecos da alma e do corpo que urgem por uma expressão própria perante um outro que os reconheça.

Agora eu era herói!

"Onde você aprendeu isso?"
A gente respondia:
"Eu que sei!"

E se insistiam:
"Quem lhe ensinou?"
A gente dizia:
"Eu que aprendi..."

Nos momentos mais inesperados, seja em casa ou nas ruas mais movimentadas, nos playgrounds dos prédios ou até mesmo na sala de espera do médico, nos pequenos recreios cimentados das escolas e, naturalmente, na zona rural ou nos bairros de periferia, onde as crianças estão sempre umas com as outras e ainda há lugar para brincar, o milagre sempre de novo acontece, e a gente pode ver e aprender Criança, se estamos atentos. Brincar é a respiração da Alma e é a língua da criança.
       Lydia Hortélio

Ecos da rua! Para lembrar e guardar:

Vamos passear no jardim celeste...
Você gosta de mim, ô Maria...
Salada, saladinha..
Vo-cê-tem-u-ma-bo-ne-qui-nha?

Ordem, seu lugar...
Chicotinho queimado...
Senhora Dona Sancha, coberta de ouro e prata...
3, 3, passará
Batalhão, lhão, lhão...

> *Estas vozes e suas canções puxam a gente para o meio da sala, o centro do pátio, o olho da rua, o eixo do universo. E nos conjugam a Cantar e Dançar. Estas canções e suas vozes tem cheiro sabor e tato de coisas contemporâneas e futuristas – de tão claras e calorosas, de tão desafiantes e essenciais.*
>
> Chico dos Bonecos

O aprendizado espontâneo e o conjunto de experiências que fazem as crianças de sempre estarem em busca delas mesmas e do outro em interação com o mundo estão solidamente representados na cultura infantil. Ao brincar, a criança configura suas necessidades de crescimento e sente a expansão de sua consciência.

As brincadeiras de antigamente e de hoje evocam textos transmitidos de geração em geração, atualizados e modificados em seus trânsitos pelo fio da memória e da infância, ambas (memória e infância) sendo reforçadas e exercitadas: pular corda, fazer cirandas, trovinhas, parlendas, como a tradicional *lá em cima do piano tem um copo de veneno, quem bebeu morreu!*

As festas e celebrações como, festa junina, carnaval e outras da cultura local, garantem, no ambiente escolar, muitas rodas, danças, músicas e brincadeiras, como guerrinha de água, de confetes, pescaria, boca de palhaço, pula fogueira etc.

Consultar o texto *O tempo do brinquedo* na **Revista do Itinerário.**

Ecos da rua – Brinquedos falados e cantados – ótima oportunidade para brincar, conhecer as brincadeiras do tempo dos avôs, pais e filhos. Oportunidade para cantar, dançar, fazer mímicas, ir para o centro da roda.

Olho vivo – Varal de imagens

OLHO VIVO

> *Atrás do pensamento – mais atrás ainda – está o teto que eu olhava enquanto infante. De repente chorava. Já era amor. Ou nem mesmo chorava. Ficava à espreita. A perscrutar o teto.*
>
> Clarice Lispector

Toda forma de manifestação captada pelo olhar trata-se de investigação e conhecimento nessa janela: exposições de trabalhos dos alunos na escola, calendários com motivos significativos para o grupo em sala de aula, retalhos de tecidos em um cordão esticado, cortina feita com objetos leves e expressivos, exposição de fotografias, elementos da natureza, paisagens, cenários etc. Todos esses exemplos são amostras do que aqui é nomeado de **Olho vivo - Varal de imagens**

Consultar o texto *O olho vivo* de *Elifas Andreato* na **Revista do Itinerário**.

Observar lugares, enquadrar detalhes ajudam a construir uma visão estética dos percursos diários e da realidade experimentada pelos seres humanos. Um belo pôr do sol, que em si já é extasiante, a fachada de uma casa ou armazém de cores vivas e bem combinadas, emoldurada por algumas copas de árvores, retratam as "belezuras" do mundo, que auxiliam a formação e o desenvolvimento da linguagem expressiva do desenho na formação dos indivíduos. Essa linguagem, as formas dos objetos, as coisas, o corpo em movimento, o mundo em si, preenchem e compõem a janela **Olho vivo - Varal de imagens**.

> *A escola era na Rua da Costa, um sobradinho de grade de pau. O ano era 1840. Naquele dia... deixei-me estar alguns instantes na rua da Princesa a ver onde iria brincar a manhã. Hesitava entre o morro de São Diogo e o Campo de Sant'Ana, que não era então esse parque atual*

> *mas um espaço rústico, mais ou menos infinito, alastrado de cavadeiras, capim e alguns burros soltos.*
> Machado de Assis

> *Flores amarelas, roxas e vermelhas brotam aqui e ali... borboletas fazendo piruetas... Não precisa dizer nada. É só olhar prestando atenção: chegou a Primavera!*
> Ricardo Azevedo

A criança, ao desenhar nos primeiros anos de vida, parte de si, de seu corpo para expressar-se através do desenho. O desenho é extensão de seu eixo físico, concepção que se estende da primeira infância para outros ciclos do desenvolvimento, garantindo a expressão pictórica original, autônoma e livre de expectativas formatadas, da representação convencionada da realidade. Nem a criança, nem o adulto vivem experiências como se as coisas fossem permanentes e imóveis, as pessoas todas iguais e invariáveis, o mundo verdadeiramente estático. Portanto, as representações gráficas, quando for oportuno, podem, ou melhor, devem ser precedidas de uma experiência corporal. Um "caminho de formigas" em sala de aula, projetado e desenhado pelo movimento corporal dos alunos, é uma excelente estratégia para reforçar e internalizar as percepções individuais e coletivas.

> *O que é conhecimento? A observação do voo de uma borboleta no quintal, dos carros na rua, a vontade de colecionar caixinhas, enfim, são interesses que focalizam áreas do conhecimento. São percepções em busca de generalizações. O ato de conhecer e o ato de criar estabelecem relações: ambos suscitam a capacidade de compreender, relacionar, ordenar, configurar, significar. Na busca do conhecimento reside a profunda motivação humana para criar. O homem cria porque necessita existencialmente.*
> Edith Derdick

É importante lembrar que os bons livros de literatura da cultura popular trazem belas ilustrações que podem preencher a janela **Olho vivo – Varal de imagens**. Além das ilustrações, aproveitar as imagens descritas pelos textos literários também é uma boa maneira de despertar nos alunos imagens internas que poderão ser expressas através do traço e do desenho. Essas, quando solicitadas, provocam a imaginação e resultam em produções primorosas que agradam às crianças e professores por refletirem a particularidade de suas produções.

Segue o exemplo de um procedimento em sala de aula com as ilustrações significativas de algum livro que o professor tenha escolhido para trabalhar com seu grupo.

Etapas a seguir:

1. Folhear o livro observando suas ilustrações;

2. Escolher algumas páginas mais marcantes;

3. Fornecer referências das páginas para que os alunos, com o livro em mãos, possam localizar os desenhos selecionados. Por exemplo, perguntar em determinada página o que está ao lado de uma determinada ilustração. Ou bem abaixo de outra. Em outra página, fazer o mesmo, e assim por diante;

4. Os alunos podem trabalhar em duplas;

5. Caso só exista um exemplar do livro escolhido, chamar uma dupla por vez na frente da sala, ou no centro da roda (se o grupo estiver em círculo) e fornecer as pistas de alguns desenhos para que os pares tentem localizar na página indicada. Depois chamar outra dupla até que todas passem pelo exercício;

6. As duplas podem escolher uma das ilustrações de um livro e extrair dela um detalhe, por exemplo, o cabo do

guarda-chuva de um desenho do guarda-chuva inteiro, os óculos que estejam na ilustração de um homem, os tênis da imagem de um menino, a laranja de uma laranjeira;

7. Eles podem desenhar em uma folha o detalhe escolhido e complementar como imaginarem aquele detalhe em outro contexto, diferente do que viram no livro.

Olho vivo – Varal de imagens: ótima oportunidade para desenvolver a imaginação, a observação e descobrir traços e figuras.

Ver pra crer – Atividade experimental

VER PRA CRER

A realidade sensível não precisa e não deve recuar na medida em que a realidade simbólica avança
Fayga Ostrower

Essa janela está voltada para os aspectos sensoriais da experiência humana. Nela há o reconhecimento de que os sentidos dos seres humanos, quando aliados à mente, experimentam os fenômenos físicos do mundo, possibilitando às crianças e jovens, desde cedo, adquirir e abstrair conceitos, estabelecendo relações entre os mesmos.

As atividades experimentais a partir do ensino fundamental costumam acontecer nos laboratórios, dentro das áreas de ciência, biologia, química e física. Mas, a cultura popular, por meio de suas ações, de seus contos, histórias e poemas, lembra que desde muito cedo as crianças e jovens dedicam-se à experimentação do mundo. Um dos primeiros laboratórios de suas investigações acontece a céu aberto, nos tanques de areia e nas praias, cenário tão apreciado pelas crianças e seus familiares. Nessa paisagem água e areia se misturam, em contato com o corpo, por meio de ferramentas ou instrumentos próprios, invariavelmente provocando grandes descobertas e construções. Desde muito cedo os humanos experimentam a vida, colocando literalmente a mão na massa.

Alguns adultos insistem com as crianças em uma prática que talvez evite acidentes, mas que na verdade não corresponde de fato ao processo de conhecimento das mesmas. Dizem: *olhe com olhos e não com as mãos. Não mexa em nada.* Talvez pensem que o trabalho intelectual cognitivo é o grande diferencial e que acontece por si. Mas será mesmo?

Deixar a mão cair em desuso, como transformadora do mundo é uma coisa séria, pois, isso significa atrofiar o uso do que é considerada a origem do "humano", a destreza das mãos.
Anna Verônica Mautner

A criança sente prazer ao tocar, fazer e ver acontecer. Sua leitura de mundo é inicialmente sensorial. Ela é capaz de narrar a vida ao expressar o prazer de pisar na grama molhada, a alegria de ouvir uma música e dançar, a satisfação de dar um grito forte, ao saborear um doce, ao sentir o perfume de uma flor, estranhar o sabor azedo, mostrar o deleite de tomar um banho de chuva... As crianças são portadoras da chave que abre passagem ao sentido natural e preciso das coisas, à vida experimentada, mastigada, engolida. Uma chave que vai sendo moldada pela memória e a imaginação.

A infância é medida por sons, aromas e visões antes que o tempo obscuro da razão se expanda.
John Betjeman

Se não fosse a boca... o mundo ia ser cheio de gente magra feito palito...Sem boca ninguém ia ficar sabendo a diferença entre o doce, o salgado, o amargo e o azedo.
Ricardo Azevedo

A área **Ver pra crer - Atividade experimental** significa a possibilidade de operar sensorialmente sobre a realidade num laboratório a céu aberto, como já comentado acima ou em ambientes fechados, como numa cozinha, que a qualquer momento poderá se apresentar como um espaço laboratorial. Misturar, experimentar são ações que impulsionam o popular *"ver o que acontece"*. Esse é o ponto de partida em direção ao ponto de chegada, à descoberta, que implica nas ações de registrar o processo e, então, teorizar, investigar, refletir.

Todo mundo, quando é pequeno e depois que cresce também tem vontade de entrar na cozinha, mexer na água, nas panelas e misturar uma porção de coisas. É realmente muito bom. A pessoa sente-se como se fosse um mágico, meio cientista. Também não poderia ser diferente. Basta juntar uns ingredientes e de repente surge uma porção de coisas diferentes. Por exemplo: a mistura de água, leite de coco e de vaca, açúcar, farinha, margarina, ovos e fermento, tchan, tchan, tchan tchan, faz *aparecer* um bolo.

> *Minha mãe cozinhava exatamente: arroz, feijão-roxinho, molho de batatinhas. Mas cantava.*
> Adélia Prado

Quando as crianças experimentam, observam, concluem é como se estivessem realmente brincando. Elas se sentem, literalmente, como agentes do conhecimento, exercitando a própria capacidade de mexer, transformar, perceber, operar sobre o mundo dos sentidos.

"Colocar a mão na massa", nas coisas, no mundo, portanto, é algo que os alunos possivelmente exercitam bem antes de entrarem na escola! Essa experiência tão significativa na infância persiste até a idade adulta, ultrapassa os limites da cultura popular, funda as atividades tidas como científicas ou acadêmicas.

Ver pra crer – Atividade experimental – ótima oportunidade para se descobrir processos, o que acontece entre uma pergunta ou hipótese e sua resposta ou comprovação.

Terceiro andar – As três dimensões das expressões plásticas

TERCEIRO ANDAR

Esse prazer natural em construir ambientes é uma necessidade humana primitiva e cada vez mais, no futuro, devemos dar às crianças essa oportunidade.

Anne Marie Holm

Nesta janela, a linguagem plástica ganha profundidade e perspectiva, deixando de lado expressões planificadas no papel e vivificando explosões de formas e cores representativas da vida mental e imaginária dos alunos. Na arte, o enfrentamento da criança torna-se engajamento consigo mesmo – nela, há a capacidade de meninos e meninas de esculpir seu campo sensorial, dando forma a suas emoções e expressando, também, a universalidade dos afetos humanos.

Os trabalhos desta janela são todos eles levantados do chão. Erguidos do chão! Tridimensionais.

Gardner descreve a inteligência espacial, como a capacidade para perceber o mundo visual e espacial de forma precisa. É a habilidade para manipular formas ou objetos mentalmente e, a partir das percepções iniciais, criar tensão, equilíbrio e composição, numa representação visual ou espacial. É a inteligência dos artistas plásticos, dos engenheiros e dos arquitetos.

Lembro-me que, na minha infância estávamos sempre construindo alguma coisa: a cabana de junco do riacho; num canto do grande quintal de areia, criamos um mundo com estradas, alojamentos, plantações, tudo em miniatura. Éramos arquitetos e artistas de arte rural incipientes.

Anne Marie Holm

Os monstros e monstrengos que fazem parte da galeria de personagens das narrativas infantis da cultura popular e também dos contos de encantamento, inspiram a tridimensionalidade, pela exaltação e o inusitado de suas formas e volumes. Um desafio ao contemplar essa área é, por exemplo, construir com sucatas alguns desses seres provocativos do imaginário das crianças, que os dimensionam mentalmente de forma viva, inusitada.

Terceiro andar – As três dimensões das expressões plásticas – ótima oportunidade para pensar e construir figuras tridimensionais, fazer uso do plano vertical

De cá pra lá, de lá pra cá – Migração de experiências

DE CÁ PRA LÁ
DE LÁ PRA CÁ

O sentir-se real nasce do encontro buscado e o desejo é sempre um anseio pelo reencontro, pois emerge da experiência de uma comunicação que se realizou.
Gilberto Safra

O foco da janela **De cá pra lá, de lá para cá – Migração de experiências** está na comunicação, na troca e nas parcerias, o que significa compartilhar conhecimento entre grupos da mesma idade ou de idades diferentes. As ações pedagógicas que compõem essa área de trabalho são: espalhar saberes, planejar trocas, agendar encontros, realizar atividades conjuntas.

Sabe-se por experiência própria que a verdadeira comunicação se dá por meio da empatia entre as pessoas, do reconhecimento do outro. O que funda a empatia é certa aptidão emocional para deixar-se modificar pelo mundo de alguém a quem se está de algum modo ligado, comprometido. Essa capacidade é reconstituída, dia após dia, ao sabor dos encontros cotidianos. Portanto, no espaço escolar, é importante que se pense e se projete a possibilidade de se efetuar bons encontros. A janela **De cá pra lá, de lá pra cá – Migração de Experiências** deve abrir-se para oportunidades que levem à construção de um trabalho de troca e comprometimento com o coletivo, por meios variados, como, por exemplo, mudanças de ambientes pelos grupos e convívio com outras pessoas num espaço de tempo fora da rotina costumeira.

As práticas humanas são reconhecidas como tal quando proporcionam às pessoas o sentimento de identidade, de inclusão social, de vida comunitária, de reconhecimento do coletivo. São essas as práticas formadoras da conduta moral. As descobertas das primeiras narrativas devem acontecer em grupos, onde haja relações afetivas, vínculos garantidos. As pessoas precisam responder às narrativas que se apresentam no decorrer de suas vidas, aquelas que nascem das experiências, claramente retratadas pela cultura popular por meio de suas expressões, ditados, trovinhas, brinquedos cantados, contos etc. Tais narrativas dão sentido à existência, intensificam o sentimento de pertencimento, constroem a história pessoal do indivíduo.

É instigante considerar que desde a concepção, a existência humana acontece no espaço relacional, que vai se dando de formas variadas no espaço da conversa. Segue acontecendo no modo como os indivíduos se relacionam uns com os outros no mundo, mundo que verdadeiramente se configura no decorrer da existência de cada um, **De cá pra lá ou de lá pra cá**, formando redes a partir de pontos de encontros.

Novamente, como diz Guimarães Rosa:
O real não está na saída nem na chegada: ele se dispõe para a gente é no meio da travessia.

Há, nesse espaço transicional, entre um ponto e outro, entre partir e aportar, possibilidades múltiplas de encontros variados.

Nos encontros referentes à janela **De cá pra lá, de lá pra** cá, é comum os grupos, ao se verem reunidos, começarem uma proposta cantando músicas conhecidas por todos os presentes. Esse hábito é recomendando porque a música tem o poder de reunir. As rodas de samba do Brasil são, por exemplo, modelos vivos, contemporâneos dessa capacidade.

De cá pra lá, de lá pra cá – Migração de experiências: ótima oportunidade para se conversar e ampliar o conhecimento, estender a rede de relações.

De corpo e alma – Corporeidade, gesto e postura

CORPO E ALMA

Para a criança o movimento tem um caráter de urgência. Precisa do movimento para sobreviver e se personalizar.

Ivaldo Bertazzo

Trabalhar sob o ponto de vista da janela **De corpo e alma** significa retomar o ponto de partida de qualquer aprendizagem, uma vez que, qualquer que seja o conhecimento de alguém, ele brotará do próprio corpo. Trata-se de reconhecer e promover a inserção corporal na constituição da consciência individual e social. Ter essa área como um ponto de partida resulta em alargamento dos espaços e transformação da corporeidade. Tem-se aí a configuração de movimentos em sintonia com a configuração de espaços educacionais e sociais.

Essa área sugere uma prática pedagógica em que possa haver expansão, em que o corpo do professor e do aluno participe integralmente das atividades; em que seus braços e pernas possam realizar movimentos amplos. Frequentemente, ao professor é destinada a tarefa de chamar a atenção do seu grupo, de pedir para que as crianças sentem e não se levantem. Essa prática é árdua para todos os envolvidos no processo de aprendizagem, pois compreender, participar, estar em experiência é quase impossível na imobilidade, sem trocas, sem movimento, sem ação, sem alteração, sem gestos, sem trânsito.

As experiências triviais devem ser valorizadas e exercitadas pelo educador em sua prática diária, pois delas também depende seu trabalho. Quantas vezes, ao caminhar por um parque, uma pessoa descobre a resposta de um determinado problema, que há pouco parecia sem saída?

Algumas expressões populares revelam essa lição: *Beco sem saída* (ficar sem solução); *Ficar de braços cruzados* (não fazer o que deve ser feito); *Entrar pelo cano* (algo não deu certo, e a situação se complica); *Deu uma de João sem braço* (ignorou uma situação); *Antes solto e magricela do que gordo na prisão* (a liberdade é melhor do que tudo); *Cobra parada engole sapo* (não ir atrás do que é necessário). São todos ditos populares, que de um jeito ou de outro, mostram o valor do movimento, da ação corporal para realização satisfatória de pequenos ou grandes projetos dos seres humanos. Observa-se facilmente que um corpo rígido está propenso a produzir uma mente passiva; uma mente quase sempre em estado de tensão e medo, por sua vez, está propensa a favorecer a formação de um corpo inibido. E assim, mente e corpo alimentam-se de restrições, quando a potência de qualquer ser humano requer que ambos se alimentem de liberdade, flexibilidade e agilidade a fim de gerar autonomia.

A subjetividade do indivíduo tende a aparecer em seus atos, naquilo que constrói, na performance do seu corpo, no uso que faz dos espaços e nos relacionamentos. Quanto mais sentir que habita de fato o próprio corpo, maior será a autonomia e consciência dos próprios movimentos. O professor, quando fizer qualquer trabalho com seu grupo, não deve deixar de pensar que cada aluno habita um corpo flexível, repleto de conhecimentos, que poderá se moldar de maneiras diferentes em diversos lugares.

O mundo é isso. Um montão de fogueirinhas. Cada pessoa brilha com luz própria entre todas as outras.
Eduardo Galeano

A presença dos animais nas histórias e contos populares favorece o desenvolvimento do trabalho corporal com os grupos. Por exemplo, andar a passos de formigas, voar como as borboletas, mergulhar como os peixes, voar como os papagaios, caminhar sobre o chão como as minhocas ou jacarés. Miar como os gatos, latir como os cachorros. Espreguiçar como as gatas, correr como os ratos, enrolar como as cobras, se esconder como as tartarugas e assim encaminhar um projeto dentro da área nomeada **De corpo e alma – Corporeidade, gesto e postura**.

Todos os jogos corporais, danças e expressões dramáticas fazem parte dessa janela. Parcerias com o professor de Educação Física ou professora de Teatro são muito bem vindas. É importante que o professor não delegue essa linguagem expressiva para os professores das áreas citadas, mas faça parceria e não abra mão de suas próprias ideias referentes à janela **De corpo e alma**.

> *O ser humano conquista sua memória à medida que constrói cenários dialógicos e coletivos. Isso é possível desde muito cedo, desde que não haja o endurecimento do corpo e dos sentidos, ou seja, o domínio da razão sobre o sentimento e espírito. Durante a nossa formação como seres humanos que somos, necessitamos dialogar com nosso corpo, isso nos dá segurança e sentido de pertencimento, fatores que nos dão a base de nossa autoestima. Temos que deixar que a pele fale. Cada vez tocamos menos... No entanto, o tato é a voz do sentimento. Temos uma história gravada na pele.*
> Dan Baron

Observa-se que, quanto menor a criança, melhor é a sua postura corporal. Ao educador é dado o privilégio de reorganizar-se corporalmente, de uma maneira muito simples: observando a postura dos seus alunos. Estando atento a isso, com o passar do tempo, ele vai aperfeiçoando a sua condição de estar prontamente ajustado em seu próprio corpo.

> A criança e a árvore buscam o que é mais alto do que elas.
>
> José Paulo Paes

> Atenção: enganam-se as pessoas que julgam e analisam as coisas mais pelos olhos ou ouvidos, pois o tato, o olfato e o paladar são tão importantes quanto a visão e a audição. Para reconhecer tal importância, basta lembrar que a pele é uma rede infinita de terminações nervosas, conectadas diretamente ao sistema nervoso central, do qual o cérebro faz parte. A pele é feito um radar. Percebe tudo nos mínimos detalhes. Sente a brisa soprando. Sente a pulga passando atrás da orelha. Sente um fio de lã raspando de levinho.
>
> Ricardo Azevedo

De corpo e alma – Corporeidade, gesto e postura: ótima oportunidade para se entrar em contato com o próprio corpo e pele, descobrir flexibilidade e agilidade corporal. Criar e freqüentar espaços diferentes, experimentar diversas posturas

Boca no trombone – Pesquisa de toda sorte

BOCA NO TROMBONE

> Meu companheiro me ajuda que eu não posso cantar só; eu sozinho canto bem; com você canto melhor.
>
> recolhido por Chico dos Bonecos

Esta janela abre um espaço para a conversa, para uma via ampla e extensa de interação social entre as crianças e os adultos da escola e da comunidade. Seu objetivo é levar o grupo a descobrir ou certificar-se de que uma pessoa pode ser fonte de conhecimento e consulta de informações recolhidas de sua história de vida, de suas experiências. A cultura popular é resultado dessa condição humana, de aprender por meio das experiências vividas que, por esse motivo, passam a ser qualificadas de significativas.

Neste espaço o professor vai levar o aluno ao encontro do outro, a experimentar a possibilidade de indagar os adultos da escola ou da comunidade. As crianças irão buscar os mais diversos depoimentos, novidades, expressões e impressões relativas aos assuntos trabalhados. Além disso, terão a chance de se desinibirem frente a um adulto.

A janela **Boca no trombone – Pesquisa de toda a sorte** atende a necessidade da escola de encontrar meios que explorem, analisem e se apliquem ao fato de que o olhar focado e unificado de qualquer espaço coletivo é ampliado, moldado e direcionado pela presença da subjetividade de seus partícipes. Considerar as experiências, o conhecimento de todos que frequentam a escola e sua comunidade, como propõe essa área do **Itinerário Pedagógico**, nada mais é do que uma maneira de reconhecer a cultura como expressão de produção e reprodução de vida, ou seja, como resultado da forma de se trabalhar, comer, pensar, vestir, divertir, refletir, amar, falar, rir e educar de uma sociedade. A escola pode e deve ser compreendida como um espaço de defesa da subjetividade de suas crianças e jovens, como força transformadora.

Consultar o texto *Cultura e identidade* na **Revista do Itinerário**.

A preocupação do educador com as vozes públicas e íntimas deve existir desde os primeiros anos escolares, pois, a cada vez que o indivíduo expressa uma certa timidez por estar em público, ele abaixa os olhos e se afasta do diálogo.
Boris Cyrulnik

A sala de aula está dentro de uma escola, inserida numa rua, onde provavelmente existam outras construções, lojas, bancos, igrejas, teatro, cinema; uma rua que pertence a um bairro, quem sabe repleto de famílias antigas, com empreendimentos, estabelecimentos culturais, comerciais; um bairro numa cidade mais urbana ou interiorana. Ou a escola é realmente rural, com grande chance de estar próxima de algum campo onde há terra, mata, animais e plantas. Enfim, qualquer que seja, uma escola é maior do que aparenta ser no dia a dia, em meio aos afazeres e atribulações dos profissionais que nela trabalham. A proposta de colocar a *boca no trombone* é, portanto, seguir em direção a outras forças e potências, estender as ações, percorrer outros caminhos. Ampliar espaços, conhecer, descobrir pessoas. Mostrar às crianças que elas podem e devem entrar em contato com outros indivíduos sem inibição, com segurança e autoestima.

Qualquer assunto das diferentes áreas do conhecimento, que seja estudado pelo grupo, pode ser contemplado pela janela **Boca no trombone - Pesquisa de toda sorte** sempre que as informações tenham a chance de serem dadas por pessoas adultas, seja qual for a função delas na escola ou na comunidade a qual pertença.

É oportuno considerar que essa esta janela abre espaço para as crianças, desde muito cedo, trabalharem com a técnica de entrevista.

No final do livro *No meio da noite escura tem um pé maravilha!* Ricardo Azevedo, autor do livro, brinca com a ideia de ser entrevistado por um papagaio. Parte da entrevista está abaixo, é um exemplo extravagante que ajuda a pensar no leque de possibilidades de encontros possíveis entre as crianças e os adultos. Nesse caso, tanto o Ricardo como o papagaio devem ser apresentados ao grupo pelo professor de uma maneira brincante, como sugere o autor, ao propor a dupla: dinâmica, alegre, que agrade e motive a inteligência e a sensibilidade das crianças, que faça jus à criatividade do educador, ou seja, que fomente a aprendizagem de todos.

Entrevista para um papagaio:

Papagaio: *Você vive preso numa gaiola?*
Ricardo: *Tá louco! Acho que não!*

Papagaio: *Você inventou as histórias desse livro?*
Ricardo: *Existem histórias que a gente inventa do começo ao fim. Tenho vários livros assim. As histórias desse livro, entretanto, são contos populares que eu recontei.*
Papagaio: *Contos populares?*
Ricardo: *Sim, são histórias antigas, criadas e guardadas na memória do povo. Elas vêm sendo contadas de boca em boca desde que os portugueses chegaram no Brasil e até antes, pois os índios também contavam e ainda contam lindas histórias.*
Papagaio: *Você quer dizer de bico em bico?*
Ricardo: *Mais ou menos isso. A mesma coisa acontece, por exemplo, com as piadas. Ninguém sabe quem inventou nem de onde vêm. A gente ouve, gosta, dá risada e conta de novo. Cada um, claro, do seu jeito.*
Papagaio: *Mas no caso dos contos? Como a coisa acontece?*
Ricardo: *Até hoje, nos lugares distantes, onde não há luz elétrica nem televisão, as pessoas, à noite, depois do trabalho, costumam sentar em volta de uma fogueira para conversar e falar das novidades, trocar ideias, comentar acontecimentos do dia. Nessas horas, sempre aparece alguém que sabe e gosta de contar histórias.*

Boca no trombone – Pesquisa de toda sorte: ótima oportunidade para conversar, buscar e descobrir que o conhecimento e as informações podem estar em poder de outras pessoas, que a inteligência coletiva é possível de ser construída, quando esses saberes são investigados.

Bom de bico – Palavra falada

BOM DE BICO

Ninguém vive feliz se não puder falar e a palavra mais linda é a que faz cantar.
Paulinho da Viola

Esta janela está centrada na linguagem oral. Sabemos que a capacidade de expressão verbal do aluno fará diferença em toda a sua vida escolar. A palavra expressiva, tocante é aquela que traz significados da experiência, que costuma acordar o interesse e os sentidos de quem a recebe.

Fazem parte da janela **Bom de bico - Palavra falada** o refrão, a recorrência junto ao inusitado, a palavra original, a palavra ainda não pronunciada. Os repentistas são exemplo vivo da palavra recorrente, parceira e suporte para palavra nova, criada na hora. Aqui entram parlendas, músicas, trovinhas que possam aparecer nos textos. As letras de melodias inventadas pelo professor e as famosas frases e comentários ditos e falados pelas crianças.

As palavras, as expressões populares, os refrões poderão ser escolhidos de modo a ajudar aflorar a linguagem oral, presente nas crianças. Como diria Allan da Rosa: a espera de uma "coceirinha" para transbordar e inundar de beleza a sala de aula.

Uma pergunta que não quer calar: a palavra está com o aluno?

Três possíveis respostas dadas por três pensadores:

> *Se nosso aluno desconhece determinado vocábulo é porque este nunca foi significativo na vida desse indivíduo, ou seja, ele nunca respondeu a uma experiência vívida ou vivida, por essa pessoa. Falar e ouvir, perguntar e responder, dialogar, trocar ideias, organizar e construir um pensamento podem ser ações comparadas à elevação de um muro: imbricam-se num desenho nem sempre ordenado, numa sequência nem sempre adivinhada, mas lá está a obra, a parede levantada.*
>
> Terezinha Fogaça de Almeida

> *Por si mesmas as crianças cantam refrões, os transformam, os prolongam. Basta observar criações, recreações, recriações que se operam num pátio escolar para descobrir, presente, evidente, essa liberdade profunda diante da palavra. Os primeiros anos escolares, os primeiros*

anos da infância referem-se à idade do jogo verbal, do refrão, do trocadilho: o jogo dos sons e dos ritmos. A linguagem, antes de mais nada, é recebida pelo ser humano como misteriosa, multiforme e plástica.
... Digo sol e a palavra brilha;
Digo pombo e a palavra voa;
Digo "macieira" e a palavra fica floreada.
Alain Bosquet

O envolvimento do ser humano pelas palavras se assemelha ao gosto pelos brinquedos de montar, pelos quebra-cabeças, pelos encaixes, e combinações infinitas.
Jacqueline Held

Praticar a oralidade no que ela traz de original, sonoro e encantador pode se dar por alguns caminhos:

. Aproveitar e memorizar com os alunos os provérbios, fazendo uso deles no dia a dia.

Quem nunca se afoga, muito se arroga.
O pior cego é o que não quer ver.
Quem não se enfeita, por si se enjeita.

. Ter sempre à mão uma caderneta pequena ou coisa do gênero, é uma ótima estratégia para registro das falas das crianças, sínteses e pérolas que somente elas sabem transmitir, pontualmente, no dia a dia. Como naturalmente fazem uso do pensamento analógico, expressam descobertas e percepções originais, as crianças fogem da previsibilidade do mundo adulto. Suas falas acabam por surpreender e aguçar a imaginação do professor. São verdadeiros registros poéticos da realidade.

. Os textos literários costumam trazer expressões em versos, frases feitas, expressões populares, que conduzem de forma natural e viva os enredos. Pesquisar nas histórias e textos as pérolas da oralidade e usá-las em momentos diversos é uma maneira bem humorada e sintética de enriquecer a linguagem poética, tão marcante na cultura popular e na mente infantil.

Bom de bico - Palavra falada – ótima oportunidade para desenvolver a linguagem oral dos alunos ou dos professores.

Sopa no mel – Lição de casa

SOPA NO MEL

...embora a infância permaneça sendo o período no qual a herança biológica pode ser examinada mais diretamente, deve ser lembrado que parte da mente que surge já existe além da pele da criança, nos jogos, costumes e símbolos que os adultos dirigem ao futuro membro de sua comunidade.
Howard Gardner

Olhar por esta janela significa avistar e construir uma ponte por onde atravessem atividades e experiências vividas na escola e em casa pelos professores, alunos, familiares e amigos. Esta área sugere ampliação e conexão entre estes dois espaços: escola e casa. A conversa entre familiares pode contribuir, e muito, para a compreensão dos assuntos tratados no espaço escolar. Em meio a temas e experiências compartilhadas, os alunos poderão obter maior reconhecimento de si, da sua origem, de seu meio, de sua comunidade, de sua família e ainda estar em comunhão com outras informações advindas de seus colegas, estendendo, dessa maneira, seus horizontes. Por outro lado, a escola poderá contribuir com a comunicação entre os membros da família de seus alunos, com a convivência mediada pelo conhecimento e pela cultura. A parceria casa/escola é fundamental para o desenvolvimento das crianças e para atualização dos pais em relação a muitos assuntos associados ao viver criativo. Havendo essa possibilidade, muito fica garantido: a validação do trabalho, a ampliação do campo de reflexão e do conhecimento. A família, dentro do possível, tem condição de testemunhar a história vivida pelos seus membros dentro da escola, e, dessa maneira, contribuir para o aprimoramento das propostas. Essa janela, se ocupada com alguma constância, poderá favorecer a entrada das famílias no espaço escolar; aumentar a frequência dos pais nas reuniões, nas festas, nas palestras, em outros possíveis eventos educacionais.

Desta janela vamos olhar e ficar atentos às novidades trazidas pelos alunos de casa, da rua, das praças, dos amigos e parentes, dos passeios em família, das viagens. Serão assuntos que provavelmente ampliarão as experiências e os conhecimentos de todos.

O período de trabalho com as festas populares e comunitárias é um ótimo momento para a pesquisa, com a ajuda dos pais, sobre a origem dessas comemorações e influências culturais. As famílias podem contribuir com informações sobre santos, superstições, danças, músicas, comidas, vestimentas, vocabulário.

Sopa no mel - Lição de casa – ótima oportunidade para pais e filhos conversarem. Os pais se lembrarem de quando foram crianças, os filhos descobrirem que seus pais também foram crianças como eles e a família se conscientizar de que estão inseridos numa cultura.

O que é? O que é? – O todo na parte

Uai mãe, hoje já é amanhã?
        Guimarães Rosa

A pergunta "O que é? o que é?" abre esta janela. Quando pronunciada, desperta a curiosidade inerente às crianças, jovens e adultos, indicando que a ordem é adivinhar, decifrar um enigma ou mistério, obter um insight frente a uma situação confusa ou difícil de se resolver. Pequenas referências, muitas vezes, evocam conhecimentos mais abrangentes, revelando um caminho possível de descoberta: símbolos e sinais fazem parte da leitura de mundo, indicando o que já se conhece e pressupondo o que ainda não se conhece. Basta ver o poder das adivinhas em grupos de todas as idades. Na prática das adivinhas a mente percorre mil e uma informações simultaneamente, detém-se em detalhes pontuais, aparentemente desconexos, até que, fulminantemente, recebe a resposta, integrando e sintetizando aquele mosaico de dados e percepções: quando a parte torna-se todo.

Por que as adivinhações agradam tanto às crianças?

> *Porque, mais ou menos, representam a forma concentrada, quase simbólica, da experiência infantil de conquista da realidade. Para uma criança o mundo está cheio de objetos misteriosos, de acontecimentos incompreensíveis, de figuras indecifráveis. A própria presença da criança no mundo é, para ela, uma adivinhação a ser resolvida, que gira em torno dela com perguntas diretas ou indiretas. O conhecimento vem, frequentemente, sob a forma de surpresa.*
> Gianni Rodari

Nesta área estão contempladas aquelas percepções de mundo, onde a parte pode simbolizar a totalidade de experiências e conhecimentos, percepções naturais e presentes desde muito cedo na mente humana e que devem ser reforçadas através da ação pedagógica.

Quando uma criança muito pequena brinca de se esconder, do seu ponto de vista, basta tapar os olhos e pronto, seu corpo todo desaparece! Quando outra, um pouco maior, identifica na tromba de um elefante o animal inteiro, ela faz a mesma coisa: deduz todo o bicho. No decorrer do desenvolvimento de ambas, essa capacidade dedutiva e imaginativa irá se refinando, amplia-se e, gradualmente, objetos, pessoas, fenômenos naturais e uma gama de experiências e informações não precisarão estar concretamente presentes para essas crianças, porque elas terão tido a oportunidade de exercitar, desde muito cedo, a possibilidade de identificar sinais, índices, símbolos e signos.

As adivinhas representam para os pequenos o mesmo que o jogo de esconde-esconde: descrevem e ocultam alguma coisa num só tempo. Num curto período, as adivinhas provocam a imaginação das crianças e propõem uma busca das informações que elas já têm a respeito do mundo. Suas mentes rodam, percorrem espaços, informações, impressões e lembranças, até chegar às respostas. As adivinhas são exemplos de que as aparências enganam, de que as evidências podem, muitas vezes, indicar caminhos errados. Para acertá-las, há de se procurar percursos menos evidentes, frequentemente mais simples e intrigantes.

Uma prática para garantir essa busca tão prazerosa é propor a pesquisa de outras adivinhas do repertório de crianças e adultos, criando uma rotina na sala de aula, onde a adivinha tenha horário garantido! Caso essa prática se instale como evento promissor, podem ser organizados pequenos torneios, dividindo os alunos em pequenos grupos para que treinem esses desafios e, depois, expandam seus conhecimentos para o resto da escola.

Exemplos familiares e ilustrativos dessa área do **Itinerário Pedagógico**:

. Quebra Cabeças
. Jogo de Memória
. Calendário
. Registro em códigos de: bichos; alunos; lugares.
. Caça ao tesouro.

VII - TESTES

Para melhor compreensão das doze janelas do Itinerário foi montado um teste para cada um dos contos populares escolhidos para exemplificar o uso do Itinerário, levando o leitor a "ensaiar" a aplicação desse instrumento. A linguagem na primeira pessoa ajuda a caracterizar a atmosfera dos testes que por meio de exemplos de atividades possíveis, auxiliam os educadores a avaliarem o entendimento da proposta de cada janela do Itinerário. No final de cada teste estão as respostas das questões referentes às atividades pedagógicas.

Teste do João e o pé do feijão

1. O enredo da história lhe remeteu a desafios e ousadias, sugerindo algumas perguntas: *Quando em minha vida eu realmente ousei? Quando precisei ousar, mas não consegui?* A partir dessa reflexão, você projetou algumas ações pedagógicas que levaram o seu grupo a compartilhar a experiência de ousar, como, por exemplo, subir do lado contrário do escorregador. Em que janela você se encontra?

Resposta: Sete chaves – Pergunta do enredo

2. Você selecionou os recursos necessários para apresentar a história aos seus alunos: o livro com a história do João, alguns materiais para auxiliar a contar a história, giz para desenhar no chão durante a narrativa, tesoura com a qual foi possível cortar uma corda que passou a ser o pé de feijão, papel kraft, sobre o qual as crianças puderam deitar para fazerem o contorno de seu corpo e perceberem o próprio tamanho. Esses objetos ajudaram-no a dar vida à narrativa e alimentaram a imaginação das crianças em relação aos personagens e ao enredo. Todos os materiais estavam juntos e

disponíveis numa sacola. Em que janela você se encontra?

Resposta: Mundos e fundos – Material vira linguagem

3. Você criou uma frase para reunir o grupo na hora da saída: *Venham todos aqui, seja Gigante ou João, corram todos até o portão!* Em que janela você se encontra?

Resposta: Bom de bico – Palavra falada

4. Os seus alunos pesquisaram com os adultos da escola a questão: o que é mais forte, o pum do gigante ou sopro do lobo? Enquanto realizaram a pesquisa registraram as respostas e, depois, apuraram os resultados. Verificaram que, segundo os adultos da escola - professores, faxineiros, coordenadores, merendeiros, diretor - o mais forte é o sopro do lobo. Em que janela você se encontra?

Resposta: Boca no trombone – Pesquisa de toda sorte

5. Você sugeriu aos alunos que se imaginassem no lugar de João: subindo no Pé de feijão, encontrando a casa do Gigante. Depois, propôs que desenhassem o que viram: a casa e tudo o mais. Pediu para que ficassem de olhos fechados enquanto "subiam" no pé de feijão. Em seguida, organizou os desenhos feitos: pendurou todos num varal fixado na parede do corredor da escola. Esses desenhos retratavam o João encontrando a casa do Gigante no final do pé de feijão. Uma nova ideia surgiu. Num outro dia, você propôs: "Deitem no chão, procurem a casa do gigante, enquanto olham pro céu". Durante a atividade, incentivou as crianças a dizerem o que viam. Você organizou a fala e as observações do grupo para que todos pudessem conhecer as colocações dos amigos. Em que janela você se encontra?

Resposta: Olho vivo – Varal de imagens

6. Você e seus alunos descobriram uma culinária possível com grãos de feijão. Também plantaram os feijões e acom-

panharam seu crescimento. Em que janela você se encontra?

Resposta: Ver pra crer – Atividade experimental

7. Você e seus alunos descobriram como poderiam transformar-se em gigantes. Confeccionaram pés de latas (as crianças perceberam que quanto mais alta a lata, maior o "gigante").

Num outro dia os alunos também imaginaram como seria a casa de um gigante e, depois, a do Pequeno Polegar. Na sequência dividiram-se: um grupo construiu a casa do Gigante e outro a do Pequeno Polegar. Em que janela você se encontra?

Resposta: Terceiro andar – As três dimensões das atividades plásticas

8. O seu grupo que está trabalhando a história do João e o pé de feijão contou essa mesma história para outro, que está trabalhando a do Pequeno Polegar. As duas trazem questões relativas ao tamanho, força e esperteza dos personagens. Em que janela você se encontra?

Resposta: De cá pra lá, de lá pra cá – Migração de experiências

9. Diariamente, você tem feito brincadeiras com seu grupo, tanto de antigamente, quanto de hoje: pular corda, fazer cirandas, trovinhas, parlendas (um, dois, feijão com arroz, três, quatro, feijão no prato...). Em que janela você se encontra?

Resposta: Ecos da rua – Brinquedos falados e cantados

10. Você tem brincado e desenvolvido atividades e brincadeiras de escorregar de barriga, de costas; subir em lugares bem altos (sem que as crianças corram perigo, claro!). Com um cordão mediu a altura dos alunos, cortou e pendurou num lugar para acompanhar o crescimento de todos. Também pediu para que deitassem num papel bem grande, assumissem posturas diferentes e na sequência recortou as dife-

rentes formas e pendurou numa parede para que os alunos olhassem e vissem a própria silhueta. Ah, o grupo subiu em árvores diferentes, andou como o Pequeno Polegar e depois como o Gigante. Em que janela você se encontra?

Resposta: Corpo e alma – Corporeidade, gesto e postura

11. Seus alunos fizeram as seguintes perguntas aos pais e aos seus familiares: "Você já subiu em um lugar muito alto? Já conheceu alguém assustador, bravo, que lhe deu muito medo como o Gigante? Já teve a sorte de ganhar um sorteio, uma loteria, um belo presente ou ovos de ouro?" Em que janela você se encontra?

Resposta: Sopa no mel – Lição de casa

12. Você e seus alunos criaram alguns sinais como indicativos do conhecimento dos conteúdos da história. Por exemplo, o desenho de uma bota representando o Gigante; um galho representando o pé de feijão; uma crista representando a galinha. Com esses sinais, num outro momento, criaram um jogo de trilha. Em que janela você se encontra?

Resposta: O que é? O que é? - O todo na parte

Teste da Maria Borralheira

1. Você constatou que um dos temas da Maria Borralheira é o reconhecimento das ações, das qualidades e das singularidades das pessoas e motivado por essa informação tem se preocupado mais em mostrar a seus alunos como eles são realmente vistos pelo grupo e por você. Além disso, como as crianças se surpreenderam com o colar de sabugo e o casco de burro, você tem brincado com a ideia de surpreendê-las e, de tempos em tempos, propõe novas formas de pentear os cabelos, de calçar os sapatos, sugerindo trocá-los de pé ou com o calçado do amigo. Você também muda a decoração da

sala, colocando, por exemplo, uma cortina logo na entrada da sala, outras vezes virando as mesas de cabeça para baixo e em outras pede para que desenhem em cima da cadeira e sentem no chão. Em que janela você se encontra?

Resposta: Sete chaves – Perguntas do enredo

2. Você transformou um saco de estopa em "uma bota de ouro", adornando a parte exterior com alguns apetrechos dourados, facilitando a projeção das crianças ao verem no saco a auspiciosa bota de ouro da Maria Borralheira. Nele você transporta pertences e materiais do grupo, acessados sempre que alguma criança precisa. Em que janela você se encontra?

Resposta: Mundos e fundos – Material vira linguagem

3. Você aproveitou a estrutura da expressão popular usada pelo pai da Maria logo no início da história *Hoje ela te dá biscoitos de mel, depois vai dar de fel* para provocar seus alunos com rimas e desafios da língua, inventando em grupo outros dizeres. Você percebeu que, em busca da rima e do ritmo da expressão, as crianças saem com dizeres engraçados, muitas vezes sem sentido evidente, mas provocadores do imaginário infantil. Juntos vocês inventaram: *Hoje eu brinco de peteca, mas amanhã só quero correr atrás de careca! Hoje você é meu amigo e amanhã lá vem você ficar de mal comigo!* Em que janela você se encontra?

Resposta: Bom de bico – Palavra falada

4. Você e os seus alunos resolveram pesquisar com os adultos da escola a questão: se você recebesse de presente uma vaquinha encantada, que pudesse ajudar em qualquer coisa, o que escolheria para pedir a ela? Para facilitar, fez com o grupo um levantamento das tarefas que as crianças costumam ver os pais realizarem e escolheram três comuns a todos: ajudar a guardar brinquedos, ajudar a arrumar a cama,

ajudar a lavar a louça. Foram a campo e registraram as respostas em uma folha onde havia as três possibilidades, divididas em três colunas. Conforme a escolha do entrevistado, marcava com um X na coluna correspondente. No final contaram as respostas de cada uma. Verificaram que a maioria dos adultos gostaria de receber ajuda para lavar a louça (as crianças , quando responderam o que gostariam de receber da vaquinha, escolheram guardar os brinquedos). Em que janela você se encontra?

Resposta: Boca no trombone – Pesquisa de toda sorte

5. Depois que os labirintos foram construídos, na janela **De cá pra lá, de lá pra cá** (ver registro no tabuleiro), você teve mais uma ideia e aproveitou a experiência: sugeriu aos alunos que observassem todos os trabalhos outra vez, chamando atenção para as semelhanças e diferenças. Num segundo momento relembrou com eles aquela "exposição labiríntica", por meio das fotos que foram tiradas (ver tabuleiro, a janela **De cá pra lá, de lá pra cá**, lembrada nessa atividade), distribuiu folhas grandes de papel branco e, ao som de uma série de *Valsinhas Brasileiras,* propôs que, instrumentalizados com um giz de cera da cor que achassem melhor, desenhassem um outro labirinto no papel. Quando terminaram, trocaram os trabalhos e todos percorreram o labirinto de pelo menos um colega. Em seguida, você organizou os desenhos feitos pelos seus alunos e pendurou-os num varal fixado na parede do corredor da escola. Esse lugar, comum a todos, facilitou a visita à exposição pelas crianças e adultos de outros grupos. Seus alunos sentiram-se reconhecidos! Em que janela você se encontra?

Resposta: Olho vivo – Varal de imagens

6. Você e seu grupo receberam pelo correio um convite para o baile de casamento da Maria Borralheira. Nele havia o dia da grande festa e horário. E uma solicitação: que levas-

sem um prato de doce, segundo a receita dada no convite. Esta trazia, em meio aos ingredientes, o uso do pó mágico na cor carmim (a anilina com a qual tingiram o cordão – ver no tabuleiro a janela **Ver pra crer**). Seus alunos ficaram surpresos com a assinatura no final do texto: *Vaquinha Encantada*. Animados, foram à cozinha da escola e seguiram passo a passo a receita de "beijinhos", doce típico das comemorações brasileiras, mais do que sugestivo para a comemoração de um casamento. Tiveram que descobrir como conseguir a cor carmim, misturando anilina vermelha com a branca, mais vermelha do que branca. Em que janela você se encontra?

Resposta: Ver pra crer – Atividade experimental

7. Inspirado nas mágicas das fadas para Maria e para as irmãs, você propôs ao grupo a confecção de dois tipos de colares: um muito bonito para Maria usar no baile e outro, meio sem graça, que as folgadas e cruéis irmãs mereciam. Para isso você separou barbantes, argolas de macarrão e tinta amarela. Depois de passar as argolinhas pelos barbantes e montar os colares, as crianças banharam em uma tigela com tinta amarela alguns colares que seriam da Maria e deixaram outros sem coloração para as irmãs más. Em que janela você se encontra?

Resposta: Terceiro andar – As três dimensões das atividades plásticas

8. Depois de seus alunos desenharem e ilustrarem os convites do grande baile em comemoração ao casamento e de distribuírem para os grupos que participaram dos labirintos, vocês organizaram a festa: decoraram a sala de aula, providenciaram, além dos beijinhos, uns salgadinhos, um bolo, suco, música de ritmos variados e realizaram a grande festa recebendo os convidados de outros grupos da escola. Em que janela você se encontra?

Resposta: De cá pra lá, de lá pra cá – Migração de experiências

9. Você, várias vezes, brincou e cantou no pátio com o seu grupo, em homenagem aos bailes frequentados por príncipes e princesas da história, cantigas de roda que convidavam todos a dançar, dentre elas, a conhecida *"Ai, eu entrei na roda"*:

Refrão – Ai, eu entrei na roda
Ai, eu não sei como se dança
Ai, eu entrei na "rodadança"
Ai, eu não sei dançar

Sete e sete são quatorze, com mais sete, vinte e um
Tenho sete namorados só posso casar com um

Namorei um garotinho do colégio militar
O diabo do garoto, só queria me beijar

Todo mundo se admira da macaca fazer renda
Eu já vi uma perua ser caixeira de uma venda

Lá vai uma, lá vão duas, lá vão três pela terceira
Lá se vai o meu benzinho, no vapor da cachoeira

Essa noite tive um sonho que chupava picolé
Acordei de madrugada, chupando dedo do pé

Em que janela você se encontra?

Resposta: Ecos da rua – brinquedos falados e cantados

10. Em meio das atividades referentes à história da Maria Borralheira, você resolveu fazer um ditado corporal repleto de rimas. Como esses que seguem aqui: *Um pé corajoso, caminha pelo corredor, vou me concentrar e pular sem dor. Onde caiu meu balão? Onde caiu meu balão? Onde ele foi parar? Vou abaixar e procurar. A vaca amarela, sujou toda panela, fugiu pela janela, vou correr atrás dela. Balança caixão, balança você, dá um pulão e cai no chão! A porta abre, a janela também, você levanta um braço e outro também. Quem é amarelo dança, dança quem é vermelho, o melhor dos dançarinos, dança dobrando o joelho. Quem é azul dança, dan-*

ça quem é laranja, a dançarina dança balançando a pança. Quem é verde dança, dança quem é preto também, o melhor é dançar como me convém. Quem é verde dança, dança quem é branco também, dança como lhes convém, dança de barriga também. E de costas? E de bunda? E na ponta dos pés? Acabou, eu gostei e vocês? Em que janela você se encontra?

Resposta: Corpo e alma – Corporeidade, gesto e postura

11. Para enriquecer a janela **Ver pra crer**, incrementando o uso de ingredientes e combinações variadas na cozinha, e ainda, lembrar das celebrações da história Maria Borralheira, você fez uma pesquisa com as famílias dos alunos sobre receitas de doces servidos em casamentos e festividades, em que o amor e a doçura fizessem parte de seus nomes. Os familiares enviaram receitas de beijinho, bem casado, suspiro, algodão doce, pão de mel. Em que janela vocês se encontra?

Resposta: Sopa no mel – Lição de casa

12. Você propôs a seus alunos que se transformassem em Maria Borralheira ou em filhas da madrasta. A regra era, cada um deveria mudar um detalhe físico (na vestimenta, no cabelo), ou criar um gestual que indicasse características de uma ou de outra personagem. Todos os alunos pensaram individualmente o que queriam fazer, quem iriam indicar: se Maria Borralheira ou uma filha da madrasta. Depois, um de cada vez saiu da sala , se preparou, fez a modificação imaginada e voltou para o grupo para que adivinhassem a personagem escolhida. Em que janela você se encontra?

Resposta: O que é? O que é? – O todo na parte

Teste do Bode e a onça

1. O enredo da história surpreende e alimenta o interesse de quem passa a conhecê-lo ao narrar sobre um bode e uma onça que constroem juntos uma mesma casa, sem que um saiba do outro. Embora os dois valorizem o trabalho, não se dão conta do que está acontecendo, consideram que recebem de presente aquilo que não fizeram. Você, professor ao trabalhar o conto, chamou atenção dos seus alunos para o valor das parcerias, reforçou o fato de que quando somos ajudados por alguém, na maioria das vezes, o auxílio recebido nos soa como um presente. Durante um tempo preocupou-se em realizar propostas em duplas ou em pequenos grupos a fim de que os alunos experimentem as parcerias. Em que janela você se encontra?

Resposta: Sete chaves – Perguntas do enredo

2. Algumas alternativas, como uma caixa (com rodas ou fixa), ou gavetas, parecem oportunas para guardar, proteger objetos e miudezas de uso do grupo. Você teve uma boa ideia, decorar o lugar escolhido com motivos significativos identificando-o como um espaço disponível com materiais e recursos para exploração. Por exemplo, ao escolher um caixote, pintá-lo com as crianças e nele colar fotos delas, ficou indicado quem eram os legítimos proprietários desse espaço de serventia e proteção do grupo. Em que janela você se encontra?

Resposta: Mundos e fundos – Material vira viagem

3. Você conversou com os alunos sobre o brinquedo popular e poético de palavras, chamado **Trava-língua**, mostrando que um brinquedo com um nome estranho desse pode até parecer um jeito de falar, uma língua que foi inventada para travar, para a gente parar de conversar, mas que na verdade... foi inventado para a gente usar a palavra para brincar! Adap-

tar qualquer nome de bicho ou de gente, em um trava-língua recolhido com uma família no estado de São Paulo foi nesse seu projeto uma saída divertida:

Bode/ ode/ catibiribode/ saramacutode/ difirififode;
Mateus/ eus/ catibiribeus/ saramacuteus/difirififeus.
Em que janela você se encontra?

Resposta: Bom de bico – Palavra cantada

4. As expressões populares que essa versão da história apresenta merecem uma investigação. Por exemplo: *embrenhou na mata cerrada, burro de carga, trabalhei como um camelo, carreguei peso como uma formiga, virou uma onça* etc. Você organizou com os alunos uma pesquisa em campo para que questionassem os adultos da escola a respeito dessas expressões. Em que janela você se encontra?

Resposta: Boca no trombone – Pesquisa de toda sorte

5. A casa tão disputada pelos bichos, que se esmeraram em construí-la, abriga uma ideia que parece fazer sentido a você e a seus alunos: sair da escola e dar uma volta pelo quarteirão, observando as construções, principalmente casas e prédios. Você levou uma máquina fotográfica e sugeriu que cada criança tirasse pelo menos uma foto. Numa outra oportunidade, revelou as fotos e expôs num varal em sua sala. Depois, novamente passeou com os alunos por esse quarteirão que, na verdade, é um varal de imagens, e vocês observaram e compararam as moradias: os prédios, aquelas casas que têm varandas, garagens, jardins, as pequenas, as maiores, as cores, os bichos etc. Depois, propôs que cada um escolhesse uma foto para que fosse levada para casa o que ajudou a contar sobre o passeio. Em que janela você se encontra?

Resposta: Olho vivo – Varal de imagens

6. A construção de uma casa lembra cimento, modela-

gem, escultura. Como aproveitar e ampliar tal condição? Foi simples: você sugeriu aos seus alunos que fizessem uma massa de farinha para brincar e construir o que desejassem. Munida da receita, você foi levando o grupo a se aproximar do resultado almejado. Deixou à mostra os ingredientes possíveis e iniciou o processo investigativo, perguntando e ouvindo as conclusões do grupo.

    P – Do que vamos precisar?
    R – Farinha
    P – Só? Como vamos juntar os grãos fininhos da farinha?
    R – Com cola?
    P – Vamos testar?
    Depois que "colocaram a mão na massa" e perceberam que a cola na verdade era melequenta e a massa não surgia, você continuou perguntando e sugeriu:
    P – O que vocês veem as pessoas fazerem com farinha?
    R – Bolo, pão, macarrão, pizza.
    P – Então, o que mais elas usam para isso?
    R – Leite, água.
    P – Vamos experimentar?

    Vocês seguiram experimentando e sugerindo ingredientes e procedimentos até conseguirem o que desejavam. Em que janela você se encontra?

Resposta: Ver pra crer – Atividade experimental

    7. À moda dos construtores da história, você escolheu uma área ao ar livre para uma construção coletiva na terra ou na areia, edificando alguns ambientes da história, do dia a dia dos alunos, ajudando a materializar de forma expressiva a narrativa do bode e da onça. Inspirou-se na descrição das etapas da construção da casa das personagens falando em voz alta das descidas e subidas de morro, da entrada embrenhada da mata cerrada, do caminho ao longo de rios, ou de

uma linda clareira, incentivando os alunos a lembrar de outras geografias presentes em seu dia a dia. Com alguns materiais como, retalhos de papéis coloridos, canudos, palitinhos, retalhos de tecidos, caixinhas, seu grupo pode complementar a edificação desses espaços na área. Em que janela você se encontra?

Resposta: Terceiro andar – As três dimensões das atividades plásticas

8. Depois de cantar as canções que as crianças brincaram sobre animais com os novos personagens quando estava na janela *Ecos da rua*, você resolveu levar essa ideia a outros grupos e colocar numa caixa as figuras dos bichos: o bode, o sapo, a onça, o leão, a lagartixa, a cobra, o gato e outros que apareceram. Depois, convidou as crianças para sortearem essas figuras. Conforme o resultado do sorteio, vocês cantaram a canção relacionada. Em que janela você se encontra?

Resposta: De cá pra lá, de lá pra cá – Migração de histórias

9. Com seu grupo você lembrou de canções de animais e cantou com as crianças as músicas de sempre com novos personagens:

> O Sapo não lava o pé, não lava porque não quer... ou...
> O Bode não lava...
> O Cravo brigou com a Rosa debaixo de uma sacada... ou
> O Bode brigou com a Onça lá dentro da sua casa...

Em que janela você se encontra?

Resposta: Ecos da rua – Brinquedos falados e cantados

10. Você aproveitou ainda mais a ideia das canções relacionadas aos bichos. Fez uma roda, com uma criança no centro. Essa criança escolheu o bicho que levará a canção enquanto as crianças cantaram e rodaram. O aluno do centro procurou imitar o bicho que escolheu. Quando a roda parou, ele tentou fugir do centro e passar pelos colegas, mas esses

não permitiram, fecharam os vãos de passagem até que, finalmente, ele venceu e encontrou um jeito de passar por todos do grupo. Depois, foi a vez de outro, que pode ser escolhido pelo que saiu. Em que janela você se encontra?

Resposta: Corpo e alma – Corporeidade, gesto e postura

11. Você enviou algumas questões, inspiradas nas expressões divertidas da história, para os familiares responderem. Os alunos repetiram animadamente essas expressões a escola. Assim, mesmo ainda não alfabetizados e levando por escrito esses pequenos textos (as questões) para casa, puderam compartilhar naturalmente com os familiares:

Vocês conhecem alguém:
que virou uma onça?
que trabalha como um camelo?
que vive com uma fome danada?

Em que janela você se encontra?

Resposta: Sopa no mel – Lição de casa

12. Você criou com o grupo um código para indicar o bode e outro para indicar a onça. Dividiu a lousa ao meio e colocou de um lado o código da onça e do outro o código do bode. Leu para o grupo, passagens alternadas desses dois construtores e os alunos responderam quem era o protagonista daquela ação. Você ia marcando um X no espaço ou do bode ou da onça a cada trecho lido. Por exemplo, colocaram um X na coluna da onça quando você leu: *Ficou furiosa, mais que furiosa: furibunda*. Um X na coluna do bode quando ouviram: *foi entrando, meio ressabiado...*Em que janela você se encontra?

Resposta: O que é? O que é? – O todo na parte

VIII – JOÃO E O PÉ DE FEIJÃO

João e o pé de feijão
*Versão de um conto popular
por Ricardo Azevedo*

Era uma viúva muito pobre que vivia com seu filho numa casinha na beira da estrada. Um dia, a viúva chamou o filho:
— João, a gente não tem mais um tostão furado. Pega nossa vaquinha e leva pra vender na cidade.
O menino amarrou uma corda no pescoço da vaca e foi. No meio do caminho, encontrou uma velhinha. A mulher perguntou:
— Quer trocar sua vaca por um punhado de feijões mágicos?
Os olhos da velhinha eram bonitos e brilhantes.
— Pode confiar em mim – disse ela. – Esses feijões ainda vão ajudar muito você.
O menino sentiu que podia confiar na mulher, trocou a vaca pelo punhado de feijões e voltou para casa. Ao saber que o filho havia trocado a vaca, a pobre viúva quase arrancou os cabelos:
— Feijões mágicos? Mágicos como, filho? Mágicos onde? Mágicos por quê?
O menino não conseguiu explicar nada. Furiosa, a viúva arrancou os feijões da mão do filho e os atirou pela janela. Naquela noite, uma chuvarada começou a cair e continuou caindo durante o resto da noite.
Na manhã seguinte, quando abriu a janela, João descobriu que os grãos de feijão tinham germinado e virado uma árvore imensa, tão alta que quase batia no céu. O menino não pensou duas vezes. Despediu-se da mãe, trepou no pé de feijão e foi embora.
— Não se preocupe, mãe – disse antes de partir. – Esse pé de feijão é mágico. Quero ver aonde ele vai dar.
E João subiu, subiu e acabou chegando num país que existia lá no alto. Pegou uma estrada e foi andando. No meio do caminho, encontrou uma velhinha. Era a mesma que havia trocado a vaca pelo punhado de feijões.
— Se seguir sempre em frente – disse ela – você vai acabar chegando num castelo. Não tenha medo. Lá mora um gigante malvado. Ele é um bandido muito perigoso. Fique sabendo que tudo o

que esse gigante tem pertence a você.

Antes de partir, a velha deu ao menino três saquinhos: o primeiro cheio de agulhas, o segundo cheio de cinza e o terceiro cheio de sal.

— Use isso só se precisar muito.

Em seguida, desapareceu no ar.

O menino guardou os três sacos no bolso, mas sentiu medo. E se ele não conseguisse enfrentar o gigante? Depois, lembrou de sua mãe viúva, sozinha lá embaixo. Pensou também em seu pai. Se fosse vivo, certamente teria coragem de lutar com o tal gigante.

— Se meu pai era corajoso, eu também sou! – gritou o rapaz e foi em frente.

Acabou chegando ao castelo e bateu na porta. Apareceu uma mulher imensa.

— Quem é você? – perguntou ela. – Como teve coragem de vir até aqui? Se o gigante meu marido chega, menino, come você inteirinho. Não vai sobrar nem um isso!

Explicando que estava cansado, João pediu para passar a noite no castelo.

— Vai ser só uma noite – disse a mulher, admirada com a coragem do menino. – Amanhã cedo você precisa ir embora.

A mulher escondeu o menino no armário da cozinha. Logo depois, o gigante chegou. E já entrou gritando:

— Sinto cheiro de carne de gente! Sinto cheiro de carne de gente!

Mas a mulher respondeu:

— Que nada, homem! Foram os cinco carneiros que eu preparei pra você comer.

— Bota na mesa que eu estou com fome! – mandou o gigante.

A mulher serviu a comida e o gigante limpou o prato. Depois pediu à mulher que trouxesse sua galinha mágica. De dentro do armário, João só espiava. A galinha botou vários ovos de ouro em cima da mesa. O gigante ria e batia palmas. No fim, ficou cansado e pegou no sono. No meio da noite, João saiu do armário, agarrou a galinha e deu o fora.

Quando desceu o pé de feijão, encontrou sua mãe chorando de saudade e preocupação. João deu à mãe a galinha de ovos de ouro. Foi uma beleza. A partir desse dia, a vida da viúva e de seu filho parece que começou a melhorar.

O tempo passou. Um dia, João acordou com vontade de subir

de novo no pé de feijão. Sua mãe recomendou:

— Não vá, que é perigoso!

Mas ele arranjou um disfarce, deu um beijo na mãe e foi.

Subiu, subiu, andou, andou, chegou no castelo do gigante e bateu na porta. A mulher imensa apareceu, mas não reconheceu João por causa do disfarce. Tudo se repetiu, só que desta vez a mulher escondeu João num vaso que havia no corredor.

Logo depois, o gigante chegou. E já entrou gritando:

— Sinto cheiro de carne humana! Sinto cheiro de carne humana!

Mas a mulher respondeu:

— Que nada, homem! Foram os seis leitões que eu preparei pra você comer.

— Bota já na mesa que eu estou com fome! – mandou o gigante.

A mulher serviu a comida e o gigante limpou o prato. Depois disse que estava bravo porque sua galinha de ouro havia sido roubada e pediu a mulher que trouxesse seu saco de dinheiro.

De dentro do vaso, João só espiava.

O gigante riu e bateu palmas diante de tanta riqueza espalhada em cima da mesa. Contou e recontou o dinheiro até ficar com sono e dormir.

No meio da noite, João saiu do vaso, pegou o saco de dinheiro e deu o fora.

Quando desceu o pé de feijão, encontrou sua mãe chorando de saudade e preocupação. João deu à mãe o saco de dinheiro. Foi uma beleza. A partir desse dia, a vida da viúva e de seu filho parece que ficou melhor ainda.

O tempo passou e, um dia, João acordou com vontade de subir de novo no pé de feijão. Sua mãe recomendou:

— Agora chega. É perigoso demais!

Mas ele arranjou outro disfarce, deu um beijo na mãe e foi.

Aconteceu tudo de novo. João subiu o pé de feijão, chegou no castelo e falou com a mulher do gigante que, sem reconhecer o menino, escondeu-o num baú que havia na sala. Logo depois o gigante chegou. E já entrou gritando:

— Sinto cheiro de carne humana! Sinto cheiro de carne humana!

Mas a mulher respondeu:

— Que nada, homem! Foram as sete vacas que eu preparei pra

você comer.

— Bota já na mesa que eu estou com fome! – mandou o gigante.

A mulher serviu a comida e o gigante limpou o prato. Depois, disse que estava furioso por causa do sumiço da galinha de ouro e do saco de dinheiro.

— Se eu pego o ladrão, eu arrebento!

Pediu para a mulher trazer sua viola mágica.

De dentro do baú, João só espiava.

A viola chegou e começou a tocar sozinha. O gigante riu, bateu palmas e dançou até cansar. Depois, ficou quieto e caiu no sono.

No meio da noite, João saiu do baú, pegou a viola mágica e deu o fora.

Mas, quando estava saindo, a viola cantou:

Adeus, eu vou-me embora
Vou sair por esse mundo
Vou tocar pra gente boa
Já cansei de vagabundo!

Dando um pulo da cama, o gigante soltou seu vozeirão:

— Então foi você que roubou a minha galinha e meu dinheiro? Agora eu te pego, te pico e te ponho no penico!

E saiu correndo atrás de João. O menino corria muito, mas as pernas do gigante eram maiores. Quando o monstro estava chegando perto, João pegou o primeiro saco, aquele que a velhinha tinha lhe dado, e atirou as agulhas no ar. As agulhas viraram um matagal cheio de espinhos. Atrapalhado, o gigante quase não conseguiu passar e ainda ficou todo arranhado.

João continuou correndo. Quando viu que o gigante estava perto de novo, pegou o saco cheio de cinza e atirou no ar. Um nevoeiro escuro tomou conta do espaço. Atrapalhado e sem conseguir enxergar nada, o gigante tropeçou o nariz no chão. João continuou correndo. Quando chegou no pé de feijão, viu que o gigante estava muito perto. Pegou o saco cheio de sal e atirou no ar. Um mar imenso apareceu, atrapalhando o gigante, que não sabia nadar e precisou fazer um barco para atravessar a água. Enquanto isso, João desceu o pé de feijão. Chegou em casa gritando:

— Mãe, corre, pega o machado!

A mãe deu o machado para o filho, que, rápido, bateu, bateu,

bateu, bateu até que o tronco estalou, rachou, balançou e caiu. O gigante veio junto com o tronco da árvore, bateu a cabeça numa pedra e morreu.

Ao ver aquele homem imenso deitado no chão, a viúva começou a chorar:

— Mas foi ele!

Chegou mais perto para ver melhor.

— Foi ele mesmo!

E contou que muito tempo atrás, aquele bandido tinha entrado em sua casa, roubado e matado seu marido.

A partir desse dia, a vida da viúva e de seu filho ficou cheia de alegria, felicidade e muita música bonita.

Atividades no Caderno do Itinerário

Sete chaves – Perguntas do enredo

Perguntas gerais do enredo:

1. O que é inusitado nessa história?

Respostas possíveis:
– um pé de feijão mágico, que cresce enormemente de um dia para o outro;
– no final, no alto desse pé, a casa de um gigante violento e perigoso;
– uma galinha que bota um ovo de ouro por dia;
– a troca de uma vaca leiteira por três grãos de feijão.

2. Quais as mensagens e temas desse enredo?

Respostas possíveis:
– nem tudo é o que parece;
– tamanho não é documento; astúcia, coragem, ousadia, estratagemas podem valer mais;
– a ganância atrapalha;

– aquilo que possa parecer ingenuidade pode significar intuição.

Perguntas do enredo sugerem perguntas do professor para o professor

1. Tenho um exemplo significativo de ousadia em minha história pessoal?

2. Considero-me pouco ou muito ousado como professor?

3. Meus alunos poderiam ousar mais?

4. Tenho me dado a chance de me surpreender ou frequentemente evito o desconhecido por receio das coisas darem errado?

5. Como surpreender meus alunos com a chegada dessa história?

6. Há possibilidade de criar algumas mudanças simples, mas que façam grandes diferenças (por exemplo, a rotina do lanche)?

Perguntas do enredo sugerem perguntas do professor para seus alunos:

1. Meus alunos já conseguem pular corda (ou qualquer outro desafio relacionado às diferentes áreas de aprendizagem)?

2. O que gostariam de fazer, mas sentem que não alcançam ainda? Poderão tentar? Ou precisarão esperar, crescer mais um pouco para conseguir?

3. Se não fosse a casa do Gigante, o que poderia existir no final do pé de feijão?

4. Sentem medo de algo que posso aproveitar para trabalhar?

5. Se chegarem na sala de aula e as cadeiras tiverem sumido, como farão para usar as mesas? (ou posso propor que encontrem uma maneira de se comunicar sem falar durante 30 minutos).

Mundos e fundos – Material vira linguagem

Além dos materiais já citados acerca da área **Mundos e fundos**, se considerar a narrativa do *João e o pé de feijão*, vale também pensar na agilidade desse personagem para subir em árvore e correr, podendo ser guardados no continente escolhido como *mundos e fundos*, uma corda que poderá a qualquer momento representar o pé de feijão dessa história e um apito para dar a largada em brincadeiras de corrida de maneiras variadas: corrida de saco; corrida com os pés amarrados – pé esquerdo de uma criança com o direito da outra; corrida de obstáculos.

Ecos da rua – Brinquedos cantados e falados

A história *João e o pé de feijão* sugere de "pronto" a brincadeira conhecida como parlenda:

Um, dois,
Feijão com arroz;
Três, quatro,
Feijão no prato;
Cinco, seis,

Feijão inglês;
Sete, oito,
Comer biscoito;
Nove, Dez,
Comer pastéis

Propor pular corda ao som desses versos, ou ainda, na brincadeira de pega-pega. O pegador, ao invés de, com olhos fechados contar até 10 ou 20 para sair à caça dos amigos, pode recitar uma ou duas vezes a parlenda.

◉ Olho vivo – Varal de imagens

Considerar a história *João e o pé de feijão*, propor aos alunos olhar as nuvens deitados no chão, imaginando formas de bichos, pessoas, paisagens e objetos. Organizar um espaço com lugares para todos se deitarem e contemplarem o céu, onde habita o Gigante e sua galinha de ovos de ouro, em um grande castelo!

⬡ Ver pra crer – Atividade experimental

Fazer uma pesquisa na escola, entrevistar um técnico em plantio para descobrir algumas coisas importantes sobre como cultivar um pé de feijão e acompanhar seu crescimento. Esse trabalho deve ser complementado por outra investigação, feita pelos alunos com seus familiares (ver proposta da janela **Sopa no mel**). Quando chegar a hora de plantar, semear mais de um tipo de grão: feijão jalo e feijão rajado. Durante o processo acompanhar e comparar os resultados.

≡ Terceiro andar – As três dimensões das expressões plásticas

Com a história *João e o pé de feijão* sugerir ao grupo maneiras diferentes de crescimento para conseguir "tamanho de gigante": andar nas pontas dos pés, comer em bancos sobrepostos, um em cima de outro, alcançar lugares altos, etc. Enfim, fornecer aos alunos situações em que alguns prolongamentos de seus corpos sejam possíveis, como fazer um grande gigante, juntando as crianças deitadas, os pés de uma encontrando a cabeça de outra, em uma superfície que dê para marcar o contorno de todos os corpos emendados.

Depois confeccionar um boneco gigante.

De cá pra lá, de lá pra cá – Migração de experiências

Como outro grupo de crianças está trabalhando com a história do *Pequeno Polegar*, combinar, com a colega de trabalho um encontro entre os grupos para que as crianças troquem informações sobre suas histórias. De um lado, um pequeno herói, bastante corajoso e aventureiro, o Pequeno Polegar, e de outro, um grande pé de feijão, que acaba ajudando o menino João a criar coragem, a enfrentar um gigante raivoso. As duas crianças, as duas personagens, cada qual à sua maneira, auxiliam a família a resolver suas dificuldades de sobrevivência. Os alunos devem preparar-se para contar as histórias. Vão pensar nos *mundos e fundos* de materiais - que costumam estar à mão em produções coletivas, necessários para ajudá-los a narrar. Também imaginarão uma maneira de apresentação do enredo, por exemplo, se cada um ficará responsável por uma parte ou cada dupla. No final, depois dos grupos ouvirem as duas histórias, pedir que todos, coletivamente, listem os pontos de semelhanças e diferenças dos dois enredos. Na sequência, cada aluno deverá desenhar a parte que mais gostou da "nova história". Recolher os trabalhos e montar uma exposição, um grande varal de imagens num corredor da escola.

Corpo e alma – Corporeidade, gesto e postura

A história *João e o Pé de Feijão* relata um menino subindo em árvore, correndo do Gigante, caminhando até o mercado. As crianças torcem para que o João consiga descer rapidinho do imenso pé de feijão. Não é à toa que esse pé tão alto agrada tanto a elas!

À moda do João, realizar exercícios de agilidade e flexibilidade corporal. Brincar de apostar corridas, de escalar nossa parede de alpinismo (ou quem sabe uma árvore), subir as escadas de 2 em 2, pular corda, aprender a dar cambalhotas, e por fim... descansar a cada final de um conjunto de exercícios, de acordo com o cansaço do grupo. Essas atividades serão feitas período de mais ou menos 15 dias.

Boca no trombone – Pesquisa de toda a sorte

Conversar com os alunos a respeito das pessoas que trabalham na escola, verificar se conhecem a maioria e suas respectivas funções. Depois, perguntar à pessoa que cuida da manutenção do jardim se conhece como se dá o plantio de um pé de feijão, como cuidar de seu crescimento, quantas vezes ele precisaria ser regado, por exemplo. Pedir ajuda a ela.

Bom de bico – Palavra falada

Ao considerar o tema da troca, a história *João e o pé de feijão* lembra vários tipos de comércios mais populares: as feiras de rua do meu município, ou aquelas tradicionais do Nordeste, como a conhecida Feira de Caruaru, ou ainda os mercados centrais das cidades brasileiras. Nesses lugares observa-se a conversa entre comerciantes, quase sempre animadas, repletas de brincadeiras com expressões que muitas vezes mexem com os transeuntes e fregueses. Nesses centros comerciais, pode-se encontrar um farto material para as crianças observarem o modo como cidadãos, comerciantes e fregueses se comunicam, falam, gesticulam, expressam-se para vender, comprar e quem sabe trocar! Proporcionar uma visita a um desses centros e depois organizar uma narrativa dramática com o grupo, simulando o lugar público visitado.

Sopa no mel – Lição de casa

Fornecer um pequeno resumo de *João e o pé de feijão* para os alunos levarem para casa e conversarem com seus pais sobre a história, sobre João e seus feijões, e dar sequência à pesquisa iniciada na escola sobre a plantação do feijão. As crianças deverão perguntar sobre esse assunto aos familiares e, se necessário, poderão consultar outras fontes, como livros, revistas ou internet.

O que é? O que é? – O Todo na parte

Uma história chegando por partes, em pequenas doses?

1. Antes de contar uma história para os alunos, é possível e desejável provocar o imaginário do grupo com algumas pistas dos personagens da narrativa escolhida. Na história *João e o pé de feijão* pode-se pensar em objetos bem grandes que teriam sido misteriosamente colocados na sala de aula, representando de algum modo a personagem do Gigante. Num outro dia, uma correspondência entregue por algum funcionário da escola traria alguns fios ou objetos "de ouro" (papéis dourados picados, ou qualquer

miudeza dourada), evocando a galinha de ovos de ouro. Na cozinha da escola poderiam estar reservados para o grupo alguns grãos de feijão com um pouco de algodão, ou ainda uma receita, feita com "o leite que vem da vaca"! Dessa forma, a narrativa chega em partes, antes de ser apresentada por inteiro. Outras tantas imagens, além da própria narrativa escolhida, vão povoando o imaginário do grupo, "adubando" a mente de cada aluno, para que, finalmente, ele mergulhe na história.

2. Os finais das boas histórias podem sempre se transformar em enigmas que aguçam a curiosidade dos alunos. As crianças passam a levantar hipóteses que se tornam novas narrativas a partir de uma original. Um exemplo de formulação desses enigmas a partir do final da história *João e o pé de feijão* pode ser: *Por que será que um filho nervoso pediu a sua mãe afobada que pegasse um machado para ele cortar rapidamente um enorme pé de feijão?*

Registro no Tabuleiro do Itinerário

🗝 Sete chaves – Perguntas do enredo

Proposta – Por meio de uma pergunta "boa de bico", só para lembrar a área da oralidade do Itinerário: *O que antes eu não fazia e que agora faço?* Conversar com os alunos a respeito de suas conquistas durante seu crescimento. Por exemplo: *Antes eu engatinhava agora também ando sozinho.*

Realização – Como sugeri que os alunos encontrassem uma transformação em cada atividade que haviam conquistado com o passar do tempo, no começo foi complicado, mas ao entenderem conseguiram; quando alguém teve dificuldade, um outro ajudava. Virou um jogo divertido esse exercício que contempla a janela **Bom de bico** do **Itinerário**: antes eu mamava, agora também tomo no copo; antes eu fazia xixi na cama, agora acordo sequinho; antes eu chorava para dormir, agora ouço história; antes eu não ia à escola, agora estou aqui; antes não comia sozinho, agora uso até o garfo; antes só queria minha avó, agora quero a vovó e o vovô. Todos pareceram felizes em constatar o próprio crescimento e suas mudanças.

Investigação/Novas ideias – As crianças se surpreenderam e demonstraram grande capacidade para reconhecer suas próprias experiências e ajudar uma a outra. Percebi que quanto mais reconhecidas em sua singularidade, mais se voltam para o outro.

🎯 Boca no trombone – Pesquisa de toda a sorte

Proposta – Listar oralmente com os alunos as pessoas que trabalham na escola e suas respectivas funções. Na sequência, focar no jardineiro, o Pedro, que cuida da horta. Propor ao grupo encontrá-lo e perguntar como agir para plantar feijão e solicitar sua ajuda para isso.

Realização – Pedro foi muito atencioso com as crianças, deu algumas explicações, apresentou a horta para todas elas. Escolhemos um lugar para trabalhar e marcamos uma data para realizar o plantio.

Investigação/Novas ideias – Pude constatar mais uma vez que as crianças se identificam com as atividades de horta. Pensei em trazer para o tanque de areia essa atividade, ou seja, brincar de plantar simplesmente: fazer buraco, colocar água e um tiquinho de areia dentro, como se fossem sementes diferentes, de flores, de hortaliças, de frutas etc.

De cá pra lá, de lá pra cá – Migração de experiências

Proposta – Trocar experiências com o grupo que está trabalhando com *O Pequeno Polegar*. Os alunos irão encontrar a melhor maneira de narrar as histórias. No final, deverão assinalar pontos comuns entre os dois enredos. Também recontarão, através de desenhos, a parte que mais gostaram de ouvir.

Realização – O encontro dos grupos foi animado. No começo tivemos dificuldade para conseguir silêncio, mas à medida que a primeira história foi narrada, as crianças foram se mobilizando para escutar. Escolheram formar duplas para a apresentação de cada parte das histórias. Usaram uma corda para contar *João e o pé de feijão*, que ia se desenrolando à medida que as duplas narravam cada parte da história, e dedais de costura para o *Pequeno Polegar*. Conforme mudava o personagem, o dedal cobria um dedo do contador responsável. O dedão era o Polegar, claro!

Investigação/Novas ideias – Dado o sucesso, resolvemos adotar esses materiais para contar outras histórias. O dedal migrou para o grupo dos pequenininhos do Maternal. Esse grupo trabalha *Cachinhos de ouro e Os três ursos*. Em vez de um, escolheram usar três dedais.

Corpo e alma – Corporeidade, gesto e postura

Proposta – Apostar corridas, escalar nossa parede de alpinismo (ou quem sabe uma árvore); subir as escadas de 2 em 2, pular corda, dar cambalhotas, e, por fim... descansar os corpos a cada final de um conjunto de exercícios. Essas atividades serão feitas no período de mais ou menos 15 dias.

Realização – Embora essas propostas façam parte do dia a dia das crianças, formalizá-las, associá-las à história do João fez com que as crianças tivessem consciência da agilidade corporal que possuem; além do que foi proposto, elas imaginavam outras façanhas, como subir no escorregador sem ser pela escada, saltar de lugares altos como das mesas etc.

Investigação/Novas ideias – Programar mais circuitos em que apareçam desafios corporais, como saltar cubos, rolar num colchonete, saltar na mini cama elástica etc. Quem sabe programar um circo em que todos da escola façam parte, um belo **De cá pra lá, de lá pra cá**.

Ver pra crer – Atividade experimental

Proposta – Plantar dois tipos diferentes de feijão e acompanhar seu crescimento diariamente: o crescimento e o desenvolvimento do plantio. Serão anotadas, por meio de desenhos e fotos, as mudanças dos feijões até que se tornem um grande pé de feijão.

Realização – A atividade foi feita conforme planejada. Os alunos acompanharam o crescimento dos grãos, e notaram que alguns não se desenvolveram tanto quanto outros. Mas o processo, mexer na terra, aguar o plantio, ver o verde aparecendo, foi muito motivador. A ajuda de Pedro foi essencial.

Investigação/Novas ideias – Dada a motivação das crianças, faremos no futuro próximo um berçário de ervas e grãos. Se possível, transferiremos as mudas para a horta da escola. Contaremos com a ajuda do Pedro.

Olho vivo – Varal de imagens

Proposta – Primeiro organizar um espaço na escola para que os alunos possam deitar e observar as nuvens do céu e vejam formas de vários seres diferentes.

Realização – Conseguiram enxergar vários seres diferentes, falavam em voz alta o que viam. Em alguns momentos permanecíamos calados e ouvíamos o barulho da rua até que alguém descobria alguma novidade no céu, uma nova forma nas nuvens ou ainda um avião ou pássaro passando pelo céu.

Investigação/Novas ideias - Aqui não houve ideia nova, apenas a constatação de que deitar no chão, olhar para o céu e perceber que isso é valorizado pela escola leva os alunos a reconhecerem aquilo que apreciam e a descobrirem que adquirem conhecimento enquanto descobrem o mundo em que vivem.

Mundos e fundos – Material vira linguagem

Proposta – Já de olho na janela **De corpo e alma**, colocar na sacola apito e corda, pensando em brincadeiras que treinem os alunos a serem ágeis como o João que subia no pé de feijão.

Realização – Meus alunos recorreram diariamente à sacola do João (como passaram a chamar o lugar onde corda e apito eram guardados). Um dia a corda serviu de escada para alcançar as jabuticabas no pé, noutro "cobrinha" para as crianças pularem. O apito rendeu brincadeiras de esconde--esconde no pátio.

Investigação/Novas ideias – Posso renovar os recursos da sacola que meu grupo usa ao se movimentar pela escola, pensando nas brincadeiras de pátio, aspecto importante da experiência cotidiana das crianças, representada no **Itinerário** pela janela **Ecos da rua**.

Ecos da rua – Brinquedos falados e cantados

Proposta – Usar a parlenda "Um, dois, feijão com arroz..." em várias brincadeiras, lembrando dos feijões do João da história do pé de feijão.

Realização – Os alunos decoraram muito rapidamente os versos que eram recitados em alto e bom tom durante o lanche. Todo dia, antes de começar a comer, repetíamos a parlenda. Nas primeiras vezes em um ritmo normal, depois, com a provocação do André, que em um dia começou a repeti-la muito rapidamente e todos riram e começaram a "correr" com as palavras e o grupo adotou essa prática de correr de um verso a outro! Depois de uns dias, aproveitei para recitar bem devagar os versos, o que surpreendeu e agradou muito as crianças.

Investigação/Novas ideias – Penso em adaptar essa parlenda com alimentos do lanche das crianças. Posso continuar com a estrutura da contagem, mas acrescentar outros alimentos, mesmo que em alguns casos as rimas não aconteçam, pois esta é uma forma de brincar com as palavras e identificar outros alimentos presentes no dia a dia dos alunos.

Terceiro andar – As três dimensões das expressões plásticas

Proposta – "Agigantar" os alunos, andando nas pontas dos pés, buscar lugares altos para serem alcançados por eles. Confeccionar um boneco gigante.

Realização – Meus alunos sentiram-se muito bem em experimentar a superação de suas alturas e chegar mais perto dos "metros" de um gigante. Como diz José Paulo Paes: *as árvores e as crianças buscam o que é mais alto do que elas.*

Investigação/Novas ideias – Confeccionar pés de lata para alcançarmos uma altura "respeitável".

Bom de bico – Palavra falada

Proposta – Localizar alguma feira ou mercado na cidade e organizar uma visita com o grupo para entrar em contato com a forma de comunicação desses lugares (falas, gestos e placas que comuniquem as negociações). Na escola, conversar sobre a visita e organizar uma narrativa dramática com todos do grupo.

Realização – Foi empolgante o contato dos alunos com sua cidade. Já na escola, conversas animadas sobre o que foi observado, com intensa movimentação dos meninos falando alto e gesticulando, ao imitarem um sorveteiro com quem puderam conversar. As meninas pegaram um pedaço de tecido e começaram a colocar vários objetos em cima, simulando uma vendinha.

Investigação/Novas ideias – Descobri que são muito importantes os momentos das devolutivas coletivas de experiências experimentadas pelo grupo, como foi a conversa, na sala, depois do passeio, pois eles abrem espaços para a representação e expressões dos alunos em linguagens variadas (como a oralidade e a dramaticidade), a respeito de suas impressões e observações.

Sopa no mel – Lição de casa

Proposta – Os alunos vão pesquisar em casa como se realiza o plantio do feijão, e, se possível, trarão a pesquisa acompanhada de ilustrações.

Realização – Os alunos voltaram com alguns registros para a escola. A maioria contou sobre algumas informações resultantes da conversa com os pais: "Meu pai já plantou feijão lá no sítio do meu avô!", "Minha mãe diz (Daniel, fazendo uma voz grossa de gente forte) que feijão deixa a gente fortão!". Trouxeram algumas dicas do plantio, ilustradas com desenhos.

Investigação/Novas ideias – A volta das lições enviadas para casa frutificam quando são invariavelmente balanceadas por conversas do cotidiano, garantindo conhecimento como experiência e não meramente informação a ser repetida.

O que é? O que é? – O todo na parte

Proposta – Antes de contar uma história para trabalhar com o grupo, propor alguns enigmas, como surpresas, que sinalizem os personagens da história, ou fazer uma pergunta a partir do final.

Realização – Optei por começar com o enigma em uma situação de roda em que conversávamos sobre o final de semana (o que cada um tinha feito, com quem eles ficaram, se passearam). No momento em que todos já tinham falado, mas estavam ainda bastante comprometidos com a conversa, arrisquei continuar lançando a pergunta: *Vocês imaginam por que será que um filho nervoso pediu a sua mãe afobada para pegar um machado para ele cortar rapidamente um enorme pé de feijão?* Bem, seguimos por mais meia hora a trocar alternativas sobre a afobação e o nervosismo das personagens; "O pé de feijão ia cair em cima do telhado da casa deles!", "Não! Era que tinha uma cobrona enrolada que eles queriam que fosse embora dali!" "A mãe dele que é muito brava e queria cortar o pé de feijão que o filho gostava muito...".

Investigação/Novas ideias – Vou registrar as pequenas narrativas do grupo e usá-las de formas variadas, como por exemplo: lê-las em voz alta e pedir que desenhem o que escuta-

		TERCEIRO ANDAR As três dimensões das expressões plásticas	O QUE É? O QUE É? O todo na parte	SETE CHAVES Pergunta do enredo	DE LÁ PRA CÁ DE CÁ PRA LÁ Migração de experiências	ECOS DA RUA Brinquedos falados e cantados
PROPOSTA	O que vou fazer	"Agigantar" os alunos, andando nas pontas dos pés, buscar lugares altos para serem alcançados por eles etc.	Antes de contar uma história para trabalhar com o grupo, propor alguns enigmas, como surpresas, que sinalizem os personagens da história, ou fazer uma pergunta a partir do final.	Por meio de uma pergunta "boa de bico", só para lembrar a área da oralidade do Itinerário: O que antes eu não fazia e que agora faço? Conversar com os alunos a respeito de suas conquistas durante seu crescimento. Por exemplo: Antes eu...	Trocar experiências com o grupo que está trabalhando com O Pequeno Polegar. Os alunos irão encontrar a melhor maneira de narrar as histórias. No final, deverão assinalar pontos comuns entre os dois enredos. Também...	Usar a parlenda "Um, dois, feijão com arroz..." em várias brincadeiras, lembrando dos feijões da história do pé de feijão.
REALIZAÇÃO	O que foi feito	Meus alunos sentiram-se muito bem em experimentar a superação de suas alturas e chegar mais perto dos "metros" de um gigante. Como diz José Paulo Paes: as árvores e as crianças buscam o que é mais alto do que elas.	Optei por começar com o enigma em uma situação de roda em que conversávamos sobre o final de semana (o que cada um tinha feito, com quem eles ficaram, se passearam). No momento em que todos já tinham falado, mas estavam...	Como sugeri que os alunos encontrassem uma transformação em cada atividade que haviam conquistado com o passar do tempo, no começo foi complicado, mas ao entenderem conseguiram; quando alguém teve dificuldade, outro...	O encontro dos grupos foi animado. No começo tivemos dificuldade para conseguir silêncio, mas à medida que a primeira história foi narrada, as crianças foram se mobilizando para escutar. Escolheram formar duplas para a apresentação de...	Os alunos decoraram muito rapidamente os versos que eram recitados em alto e bom tom durante o lanche. Todo dia, antes de começar a comer, repetíamos a parlenda. Nas primeiras vezes em um ritmo normal, depois, com a...
INVESTIGAÇÃO/ NOVAS IDEIAS		Confeccionar pés de lata para oficializarmos uma altura "respeitável".	Vou registrar as pequenas narrativas do grupo e usá-las de formas variadas, como por exemplo: lê-las em voz alta e pedir que desenhem o que escutaram; propor que dramatizem as cenas ou detalhes dela como uma cobra enrolada em um...	As crianças surpreenderam e demonstraram grande capacidade para reconhecer suas próprias experiências e ajudar uma a outra. Percebi que quanto mais reconhecidas em sua singularidade, mais se voltam para o outro.	Dado o sucesso, resolvemos adotar esses materiais para contar outras histórias. O dedal migrou para o grupo dos pequenininhos do Maternal. Esse grupo trabalha Cachinhos de ouro e Os três ursos. Em vez de um, escolheram...	Penso em adaptar essa parlenda com alimentos do lanche das crianças. Posso continuar com a estrutura da contagem, mas acrescentar outros alimentos, mesmo que em alguns casos as rimas não aconteçam, pois esta é uma forma de brincar...

João e o pé de feijão 93

ram; propor que dramatizem as cenas ou detalhes delas, como *uma cobra enrolada em um pé de feijão ou uma mãe muito brava*.

MUNDOS FUNDOS	OLHO VIVO	VER PARA CRER	BOM DE BICO	BOCA NO TROMBONE	SOPA NO MEL
Material vira linguagem	Varal de imagens	Atividade experimental	Palavra falada	Pesquisa de toda sorte	Lição de casa
...olho na janela De e alma, colocar na ...apito e corda, ...ndo em ...deiras que treinem ...alunos a serem ...como o João que ...no pé de feijão.	Primeiro organizar um espaço na escola para que os alunos possam deitar e observar as nuvens do céu E vejam formas de vários seres diferentes.	Plantar dois tipos diferentes de feijão e acompanhar seu crescimento diariamente: o crescimento e o desenvolvimento do plantio. Serão anotadas, por meio de desenhos e fotos, as mudanças dos feijões até que se...	Localizar alguma feira ou mercado na cidade e organizar uma visita com o grupo para entrar em contato com a forma de comunicação desses lugares (falas, gestos e placas que comuniquem as negociações). Na...	Listar oralmente com os alunos as pessoas que trabalham na escola e suas respectivas funções. Na sequência, focar no jardineiro, o Pedro, que cuida da horta. Propor ao grupo encontrá-lo e perguntar como agir para plantar feijão e solicitar...	Os alunos vão pesquisar em casa como se realiza o plantio do feijão, e, se possível, trarão a pesquisa acompanhada de ilustrações.
...lunos recorreram ...ente à sacola do ...omo passaram a ...r o lugar onde ...e apito eram ...dos). Um dia a ...serviu de escada ...cançar as ...abas no pé, noutro ...nha" para as...	Conseguiram enxergar vários seres diferentes, falavam em voz alta o que viam. Em alguns momentos permanecíamos calados e ouvíamos o barulho da rua até que alguém descobria alguma novidade no céu, uma nova forma nas nuvens...	A atividade foi feita conforme planejada. Os alunos acompanharam o crescimento dos grãos, e notaram que alguns não se desenvolveram tanto quanto outros. Mas o processo, mexer na terra, aguar o plantio, ver o verde aparecendo, foi...	Foi empolgante o contato dos alunos com sua cidade. Já na escola, conversas animadas sobre o que foi observado, com intensa movimentação dos meninos falando alto e gesticulando, ao imitarem um momento em que puderam conversar. As...	Pedro foi muito atencioso com as crianças, deu algumas explicações, apresentaram a horta para as todas elas. Escolhemos um lugar para trabalhar e marcamos uma data para realizar o plantio.	Os alunos voltaram com alguns registros para a escola. A maioria contou sobre algumas informações resultantes da conversa com os pais: "Meu pai já plantou feijão lá no sítio do meu avô!", "Minha mãe diz (Daniel, fazendo uma...
...renovar os recursos ...ola que meu grupo ...se movimentar ...scola, pensando nas ...deiras de pátio, ...o importante da ...ência cotidiana das ...as, representada no ...rio pela janela Ecos	Aqui não houve ideia nova, apenas a constatação de que deitar no chão, olhar para o céu e perceber que isso é valorizado pela escola leva os alunos a reconhecerem aquilo que apreciam e a descobrirem que adquirem...	Dada a motivação das crianças, faremos no futuro próximo um berçário de ervas e grãos. Se possível, transferiremos as mudas para a horta da escola. Contaremos com a ajuda do Pedro.	Descobri que são muito importantes os momentos das devolutivas coletivas de experiências experimentadas pelo grupo, como foi a conversa, na sala, depois do passeio, pois eles abrem espaços para a representação e...	Pude constatar mais uma vez que as crianças se identificam com as atividades de horta. Pensei em trazer para o tanque de areia essa atividade, ou seja, brincar de plantar simplesmente: fazer buraco, colocar água e um tiquinho de areia...	A volta das lições enviadas para casa frutificam quando são invariavelmente balanceadas por conversas do cotidiano, garantindo conhecimento como experiência e não meramente informação a ser repetida.

IX- MARIA BORRALHEIRA

Maria Borralheira
Versão de um conto popular
por Zeco Montes

Maria era uma linda menina que morava com seu pai viúvo em um pequeno sítio de um reino muito distante. Sua mãe, antes de morrer, havia dado a ela uma vaquinha encantada, para protegê-la de qualquer mal que pudesse acontecer. Bem no caminho que Maria sempre percorria, morava uma mulher, que também era viúva, com suas duas filhas, Filó e Mariazinha. Elas faziam a maior festa, cada vez que Maria passava. Maria foi se apegando a elas e pediu a seu pai para casar com a viúva, pois assim todos teriam companhia. Seu pai não queria e disse:

— Hoje ela te dá biscoitos de mel, depois vai dar de fel. Mas, Maria tanto insistiu que ele acabou por concordar e se casaram. E a madrasta logo pôs as manguinhas de fora. Obrigava Maria fazer todos os serviços da casa: lavar e passar a roupa de todos, limpar e espanar a casa, buscar água no riacho que era bem longe, cuidar dos animais, que eram muitos, e cozinhar para todo mundo. Como lidava com fogão à lenha, ela estava sempre suja de cinzas e por isso, só por pirraça, passaram a chamá-la de Maria Borralheira. Enquanto isso, mãe e filhas, só folgando.

O tempo foi passando e as meninas tornaram-se moças. Maria lindíssima, boníssima, prendadíssima e as irmãs bem feinhas, chatinhas, bobinhas e enjoadinhas, o que deixava a velha madrasta cada vez mais irritada. E cruel, pois, decidiu eliminar Maria.

Ordenou que ela tecesse três redes até o fim do dia e para isso lhe deu um monte de lã e ameaçou: se não cumprisse o prazo, seria morta. Maria ficou apavorada, porque sabia que se tratava de uma tarefa impossível de se fazer e, para pensar numa solução, foi perto da beira do rio. Lá, encontrou a vaquinha e, chorosa, contou o que estava acontecendo. A vaquinha, que era encantada, acalmou a moça:

— Tudo bem, não esquenta, deixa comigo. Põe a lã aqui e vai fazer seus outros afazeres que eu dou um jeito. Volta no fim do dia que as redes vão estar prontas e aquelas três folgadas vão poder folgar deitadas.

— E assim foi. Quando Maria voltou, a vaquinha já tinha engolido toda a lã e devolvido na forma de três redes, que foram entregues para a estupefata madrasta de olhos arregalados, que ainda assim não podia acreditar no que via.

No dia seguinte, depois de uma noite mal dormida, a malvada velha estava mais ranheta do que de costume e ordenou que Maria Borralheira pegasse umas linhas emaranhadas e bordasse um jogo de três enormes toalhas rendadas até o meio dia, senão morreria. Maria pegou as linhas e levou para a vaquinha, que repetiu o feito e aprontou as toalhas a tempo. Só que a megera mandou as filhas seguirem Maria e elas descobriram que a vaquinha é que era a responsável por aqueles trabalhos impossíveis. Usando a desculpa de querer comer língua assada, a madrasta pediu ao marido para matar a vaquinha. Maria implorou ao pai para não cometer tal absurdo com o presente que sua querida mãe havia deixado. Mas não teve jeito, o pai, para evitar maiores aborrecimentos, fazia tudo que a megera pedia. Antes de morrer, a vaquinha acalmou Maria:

— Tudo bem, não esquenta, fique tranquila. A única coisa que você tem de fazer é abrir minha barriga e limpar meu bucho pessoalmente, não deixe ninguém fazer isso.

E assim foi: o pai matou a vaquinha. Maria abriu a sua barriga na beira do rio. Qual não foi sua surpresa ao encontrar uma varinha mágica lá dentro! De tão concentrada em sua varinha, Maria se distraiu e o bucho foi rio abaixo. A moça correu pela margem até que o bucho ficou preso em uns galhos e ela conseguiu tira-lo do rio. Perto dali havia uma casinha e Maria resolveu entrar e tentar descansar um pouco, antes de voltar. Ela tinha andado um bocado. Dentro da casa estava a maior bagunça. Ela comeu um pedaço de pão e se deitou um pouco. Levantou e para agradecer a acolhida, arrumou as camas, lavou a louça, varreu a casa toda, tirou o pó e ainda por cima lavou e pendurou as roupas que encontrou, jogadas pelo chão. Quando estava se preparando para ir embora, chegaram as donas da casa, três velhas fadas, que ficaram muito admiradas com a arrumação toda. Maria se escondeu atrás da porta.

Uma fada disse:
Madame, madaminha
quem *tiver* atrás da porta

está com um colar de ouro
pra nunca mais arrancar

Outra emendou:
Madame, madaminha
quem *tiver* atrás da porta
está com uma estrela de ouro na testa
pra nunca mais arrancar

E a última:
Madame, madaminha
quem *tiver* atrás da porta
está com um sapato de ouro
pra nunca mais arrancar

Quando chegou em casa, a madrasta quis logo saber como Maria tinha conseguido aquelas três jóias. Maria contou que tinha seguido o bucho pelo rio e quando ele se enroscou, encontrou um casa, e as donas gostaram dela e lhe deram aqueles presentes. No dia seguinte a megera comprou um bucho e mandou as filhas repetirem o mesmo caminho, que ia ser fácil receberem os mesmos presentes. Filó e Mariazinha foram a contragosto (não gostavam de fazer esforço) e chegando na casa, esbaforidas, não encontraram ninguém. Com raiva por não ganharem os presentes depois daquele trabalho todo, destruíram tudo o que viram pela frente: rasgaram as roupas de cama, sujaram com lama o chão e as mesas e ainda cuspiram nas roupas que estavam no varal. Quando estavam se preparando para ir embora, chegaram as donas da casa, três velhas fadas, que ficaram muito horrorizadas com a bagunça toda. As duas se esconderam atrás da porta.

Uma fada disse:
Madame, madaminha
quem *tiver* atrás da porta
está com um colar de sabugos
pra nunca mais arrancar

Outra emendou:
Madame, madaminha
quem *tiver* atrás da porta
está com casco de burro
pra nunca mais tirar

E a última:
Madame, madaminha
quem *tiver* atrás da porta
cocô vai sair da boca
cada vez que falar

    E assim, voltaram Filó e Mariazinha para casa, cada uma com seu colar de sabugo, se equilibrando em cascos de burro e ainda com péssimos hálitos, já que não paravam de falar e gritar, só piorando a situação.
    Enquanto isso o reino se preparava para uma série de três bailes em homenagem ao príncipe, que havia retornado de uma longa viagem e, segundo diziam à boca miúda, estava ele procurando uma moça para se casar. Maria Borralheira foi obrigada a moldar, cortar, costurar e bordar seis vestidos, para que suas irmãs pudessem ir da maneira mais apresentável possível.
    Maria pediu à madrasta para ir também e como resposta recebeu uma cintada e uma sonora gargalhada:
    — Ponha-se no seu lugar. Que príncipe ia querer conhecer figura tão suja e mal ajambrada.
    E lá foram Filó e Mariazinha ao primeiro baile! Com a recomendação de não abrirem a boca, senão...
    Mas Maria tinha sua varinha mágica e pediu o vestido A floresta, com todas as árvores e flores. Arrumou-se toda e lá foi ela.
    O príncipe quase desmaiou de emoção quando viu Maria chegar, de tão linda que ela estava. Não olhou para mais ninguém e dançou com ela o quanto pode. Maria disse que tinha de ir embora cedo e o príncipe perguntou onde ela morava. Ela respondeu, já meio longe:
    — Na rua da Cintada.
    No dia seguinte, Maria pediu à madrasta para ir ao baile e como resposta recebeu uma chinelada e uma sonora gargalhada:
    — Ponha-se no seu lugar. Que príncipe ia querer conhecer figura tão deplorável!
    E lá foram Filó e Mariazinha ao segundo baile! Com a recomendação de não abrirem a boca, senão...
    Dessa vez Maria pediu a sua varinha mágica o vestido O mar, com todas as ondas e peixes. Arrumou-se toda e lá foi ela.
    Como na noite anterior, o príncipe, encantado, dançou com Maria o tempo todo. Maria disse que tinha de ir embora cedo e ele

perguntou onde ela morava. Ela respondeu, já meio longe:

— Na rua da Chinelada.

No outro dia, tudo se repetiu: Maria pediu para ir ao baile e como resposta a madrasta deu-lhe uma palmada no traseiro e, gargalhando, disse:

— Ponha-se no seu lugar. Que príncipe ia querer conhecer figura tão...tão...tão...

E não conseguiu nem terminar a frase.

E lá foram Filó e Mariazinha ao último baile! Com a recomendação de não abrirem a boca, senão...

Maria pediu então o vestido O céu, com todas as estrelas e planetas. Arrumou-se toda e foi.

O príncipe, apaixonado, dançou com Maria, e só com Maria, a noite toda. Ela disse que tinha de ir embora e ele não queria deixar de jeito nenhum. Maria saiu correndo e ainda ouviu:

— Onde você mora.

— Na rua da Palmada, respondeu, bem de longe.

Na corrida, Maria perdeu uma de suas botas de ouro.

O príncipe decidiu que se casaria com aquela moça e resolveu procurar de casa em casa, com a bota de ouro nas mãos. Depois de um bom tempo, já quase perdendo as esperanças de achar o endereço certo, ele bateu no sítio onde Maria morava.

A madrasta logo chamou as filhas, mas seus cascos de burro não entraram na delicada botinha de ouro. O príncipe perguntou se havia em casa alguma outra moça e as três, madrasta e as duas filhas juntas, negaram:

— Aqui? Imagina, nem pensar.

Nessa hora, entra Maria na sala, vestindo o vestido Céu, com todas as estrelas e planetas e calçando uma só bota...

O príncipe, de novo, quase desmaiou, mas colocou a outra bota no pezinho dela, que encaixou direitinho.

Bem, aí eles casaram e foram felizes para sempre.

Já com a madrasta e filhas... Filó casou com um sapateiro malvado, que a fazia trabalhar dia e noite, pregando solas. E ai se ela abrisse a boca! Mariazinha casou com um tripeiro malvado, que a fazia trabalhar dia e noite, limpando e tirando porcarias das tripas de carneiros. E ai se ela abrisse a boca.

Bem, a madrasta, abandonada pelo marido, ficava revezando entre as casas das duas.

Atividades no Caderno do Itinerário

Sete chaves – Perguntas do enredo

Perguntas gerais do enredo:

1. O que chama atenção na história de Maria Borralheira?

– A vaquinha com poderes mágicos: as crianças já se identificam com os animais e com a magia, por isso esses dois elementos juntos provavelmente serão motivadores, despertarão a curiosidade, a vontade de brincar e imaginar;
– A expressão oral: Hoje ela te dá biscoitos de mel, depois vai dar de fel, como outras, alerta para a condição humana de se deixar iludir pelas aparências;
– As transformações das irmãs pouco comuns ou mesmo mágicas: colar de sabugos no pescoço, casco de burro, coco pela boca.

2. Quais as mensagens e temas desse enredo?
– As aparências às vezes enganam;
– injustiça e falta de reconhecimento;
– necessidade de proteção e de reconhecimento da singularidade dos sujeitos;
– recompensa por empenho e esforço;
– a beleza, a preciosidade e o doce como metáforas da bondade, da amizade e do amor;
- a feiura e o fel como metáfora do egoísmo, da preguiça, da ausência do afeto e do amor.

Perguntas do enredo sugerem perguntas do professor para o professor:

– Tenho me deixado levar pelas aparências?
– Sinto-me reconhecido pelas minhas qualidades pessoais?
– Sinto-me incluído e me identifico com as pessoas com quem me relaciono?
– Como vai minha autoestima?

Perguntas do enredo sugerem perguntas do professor para seus alunos:

– Todos os meus alunos têm tido oportunidade de expor suas ideias?
– A motivação do meu grupo para as atividades tem sido evidente? Poderia melhorar?
– Alguma criança foi ou tem sido excluída?
– A singularidade de cada um tem se projetado nas propostas?
– O grupo tem se surpreendido com minhas propostas?
– O pensamento intuitivo do grupo faz-se presente em sala de aula?
– A analogia e o uso de símbolos têm sido devidamente aproveitados? Posso melhorar?

Atividade ligada às perguntas do enredo:

Considerando o trecho da história: "Obrigava Maria fazer todos os serviços da casa: lavar e passar a roupa de todos, limpar e espanar a casa, buscar água no riacho que era bem longe, cuidar dos animais, que eram muitos, e cozinhar para todo mundo. Como lidava com fogão à lenha, ela estava sempre suja de cinzas e por isso, só por pirraça, passaram a chamá-la de Maria Borralheira,", identificar e prestigiar as qualidades, as capacidades e as ações dos alunos. Listar com eles as atividades de Maria e depois levantar aquelas que eles realizam em casa, na escola ou em lugares que costumem frequentar como clubes, casa dos avós etc.

Mundos e fundos – Material vira linguagem

> *Antes de morrer a vaquinha acalmou Maria: - Tudo bem, não esquenta, fique tranquila. A única coisa que você tem de fazer é abrir minha barriga e limpar meu bucho pessoalmente, não deixe ninguém fazer isso. E assim foi: o pai matou a vaquinha, Maria abriu a sua barriga na beira do rio. Qual não foi sua surpresa ao encontrar uma varinha mágica lá dentro!*

A barriga dessa generosa vaquinha pode representar muito para as crianças, no sentido do acolhimento e proteção. Indica, sobretudo, um lugar de onde se alcançam os recursos necessários para o bem-estar e as conquistas desejadas, simbolizados na história pela varinha mágica lá encontrada pela Maria Borralheira. Pode ser então indicativo de um continente para o grupo de alunos encontrar ou guardar materiais necessários ou objetos significativos durante o dia a dia escolar. Esse continente, projetado como a barriga da protetora vaquinha, pode ser uma caixa de papelão, uma trouxa de tecido ou algo similar.

Ecos da rua – Brinquedos cantados e falados

> *Madame, madaminha*
> *quem tiver atrás da porta*
> *está com um colar de ouro*
> *pra nunca mais arrancar*
>
> *Madame, madaminha*
> *quem tiver atrás da porta*

*está com uma estrela de ouro na testa
pra nunca mais arrancar*

*Madame, madaminha
quem tiver atrás da porta
está com um sapato de ouro
pra nunca mais arrancar*

*Madame, madaminha
quem tiver atrás da porta
está com um colar de sabugos
pra nunca mais arrancar*

*Madame, madaminha
quem tiver atrás da porta
está com casco de burro
pra nunca mais tirar*

*Madame, madaminha
quem tiver atrás da porta
cocô vai sair da boca
cada vez que falar*

Usar os versos das fadas para as crianças decorarem, repetindo em voz alta, declamando em pares, sozinhas ou em pequenos grupos, e depois, no pátio, propor que usem esses versos e cantem ao pular corda.

Ver pra crer – Atividade experimental

No dia seguinte, depois de uma noite mal dormida, a malvada velha estava mais ranheta do que de costume e ordenou que Maria Borralheira pegasse umas linhas emaranhadas e bordasse um jogo de três enormes toalhas rendadas até o meio dia, senão morreria. Maria pegou as linhas e levou para a vaquinha, que repetiu o feito e aprontou as toalhas a tempo.

A história da Maria Borralheira conta que a vaquinha

encantada tinha o poder de engolir materiais como as linhas e lãs coloridas e devolver produtos como redes e bordados. É possível imaginar outras possibilidades mágicas, fazendo uso do pensamento analógico. Perguntar às crianças: Será que a gente consegue um lugar, como a vaquinha encantada, onde pedaços de cordão comum sejam "engolidos" para que saiam coloridos? Como seria possível isso? O que será preciso para conseguir tal mágica? Descobrir como colorir tiras de cordões com tinta feita com anilina de confeiteiro.

◉ Olho vivo – Varal de imagens

O tempo foi passando e as meninas se tornaram moças. Maria lindíssima, boníssima, prendadíssima e as irmãs bem feinhas, chatinhas, bobinhas e enjoadinhas, o que deixava a velha madrasta cada vez mais irritada. E cruel, pois decidiu eliminar Maria.

Ordenou que ela tecesse três redes até o fim do dia e para isso lhe deu um monte de lã e ameaçou: se não cumprisse o prazo, seria morta. Maria ficou apavorada, porque sabia que se tratava de uma tarefa impossível de se fazer e para pensar numa solução, foi para perto da beira do rio. Lá, encontrou a vaquinha e, chorosa, contou o que estava acontecendo. A vaquinha, que era encantada, acalmou a moça:

– Tudo bem, não esquenta, deixa comigo. Põe a lã aqui e vai fazer seus outros afazeres que eu dou um jeito. Volta no fim do dia que as redes vão estar prontas e aquelas três folgadas vão poder folgar deitadas.

E assim foi! Quando Maria voltou, a vaquinha já tinha engolido toda a lã e devolvido na forma de três redes, que foram entregues para a estupefata madrasta de olhos arregalados, que ainda assim não podia acreditar no que via.

No dia seguinte, depois de uma noite mal dormida, a mal

vada velha estava mais ranheta do que de costume e ordenou que Maria Borralheira pegasse umas linhas emaranhadas e bordasse um jogo de três enormes toalhas rendadas até o meio dia, senão morreria. Maria pegou as linhas e levou para a vaquinha, que repetiu o feito e aprontou as toalhas a tempo.

Ao ouvir os trechos acima é possível imaginar as redes ou os bordados. Embora não seja dito, parecem, a quem escuta a história, bastante coloridos. Como linha e lãs lembram cordões, e esses lembram os traços de lápis ou giz de cera, aproveitar as tarefas que são impostas a Maria Borralheira e também o cenário evocado - um caminho que leva até a beira do rio – para sugerir ao grupo que represente esse percurso (um trajeto que parta de uma casa e siga até a beira de um rio), usando cordões coloridos, que serão tingidos por eles, conforme proposto na janela **Ver pra crer**. Além do cordão, aqueles que desejarem poderão usar giz de cera colorido para completar seu trabalho. Como acontece com a maioria das propostas dessa janela, esses trabalhos serão expostos.

≡ Terceiro andar – As três dimensões das expressões plásticas

...o vestido *A floresta com todas as árvores e flores*
...o vestido *O mar com todas as ondas e peixes*
...o vestido *O céu com todas as estrelas e planetas*

Sensibilizar os alunos para entrar em contato com os ambientes da natureza propostos na história, na ocasião dos bailes em que Maria vestiria três vestidos que contivessem céu, mar e floresta. Sugestões de estratégias: leitura dos trechos da história em que Maria pede os seus vestidos para a varinha mágica; escolha de músicas para ambientar a projeção desses ambientes pelos alunos; pedir que seus olhos permaneçam fechados durante a leitura dos trechos da história ou da escuta da música. Garantida a sensibilização do grupo em relação à visualização imaginária desses cenários, propor a pintura, em três pedaços de tecidos, dos três ambientes, inspirados nas suas cores predominantes: azul e branco para o céu; diversas tonalidades verdes para a floresta; verde e azul para o mar. Em uma estrutura de paus de vassoura em cruz, vestir alternadamente esses "vestidos", ambientando as festividades do reino em que Maria se tornaria princesa ou rainha no ambiente da escola.

De cá pra lá, de lá pra cá – Migração de experiências

Como os grupos se interessaram pelos trabalhos com os cordões quando foram à exposição, propor aos visitantes e aos "anfitriões" da mostra de trabalhos a construção de labirintos, uma outra maneira de desenhar, ou seja, propor que os alunos arquitetem a distribuição dos cordões pelo espaço (pátio da escola) disponível e formem desenhos, prendendo os cordões em pontos estratégicos. Cada grupo fará o seu labirinto, que deverá ser percorrido por outro grupo ao som de um ritmo (se possível mais de uma, considerando outros ritmos como samba, tango, baião, rock ...) escolhido pelo grupo construtor. A foto será a forma de registro dos trabalhos.

Corpo e alma - Corporeidade, gesto e postura

Levantou e para agradecer a acolhida, arrumou as camas, lavou a louça, varreu a casa toda, tirou o pó e ainda por cima lavou e pendurou as roupas que encontrou, jogadas pelo chão. Quando estava se preparando para ir embora, che-

garam as donas da casa, três velhas fadas, que ficaram muito admiradas com a arrumação toda. Maria se escondeu atrás da porta.

> *Uma fada disse:*
> *Madame, madaminha*
> *quem tiver atrás da porta*
> *está com um colar de ouro*
> *pra nunca mais arrancar*
>
> *Outra emendou:*
> *Madame, madaminha*
> *quem tiver atrás da porta*
> *está com uma estrela de ouro na testa*
> *pra nunca mais arrancar*
>
> *E a última:*
> *Madame, madaminha*
> *quem tiver atrás da porta*
> *está com um sapato de ouro*
> *pra nunca mais arrancar*

Normalmente, as crianças se identificam com o trecho da história acima, provavelmente porque Maria se esconde atrás da porta e, de lá, quase que no escuro, algumas transformações ocorrem. Considerando a provável motivação do grupo, sugerir uma brincadeira cantada, que requer linguagem corporal, lembra o esconde-esconde e a transformação. A cantiga é: *"Jacaré comprou cadeira, não tinha onde sentar, a cadeira esborrachou, jacaré foi parar no corredor"*. A brincadeira: Cada um de uma vez fica no lugar do jacaré, e a música passa a ser assim: *"Fulano (o nome do aluno) comprou uma cadeira, não tinha onde sentar, a cadeira esborrachou, fulano foi parar no corredor"*. Nesse momento a criança, cujo nome foi falado, sai da sala, passa pela porta, fecha e fica no corredor, como se estivesse escondida. As outras, em voz bem alta, chamam esse aluno pelo nome, ele volta para sala, imitando um bicho e os outros adivinham que bicho é esse.

Boca no trombone – Pesquisa de toda a sorte

Por que Maria Borralheira? A história conta:

... E a madrasta logo pôs as manguinhas de fora. Obrigava Maria a fazer todos os serviços da casa: lavar e passar a roupa de todos, limpar e espanar a casa, buscar água no riacho que era bem longe, cuidar dos animais que eram muitos, e cozinhar para todo mundo. Como lidava com fogão à lenha ela estava sempre suja de cinzas e por isso, só por pirraça, passaram a chamá-la de Maria Borralheira.

Conversar com o grupo sobre apelidos e o sentido dos mesmos, e a partir dos comentários das crianças, conversar sobre as maneiras diferentes como são chamadas em casa ou na escola. Considerar que muitas vezes os pais, quando estão zangados, chamam os filhos pelo nome inteiro, outras vezes, chamam no diminutivo, e que várias crianças têm apelidos, como Manu, Ciça, Zé, Peu, Juju, Sulita etc.

Em seguida, mediante o interesse do grupo pelo o assunto, investigar se o mesmo acontece com os adultos da escola. Ir a campo com pranchetas e folhas de registro divididas em duas colunas, onde os entrevistados devem colocar de um lado o nome por extenso e inteiro, e de outro, na outra coluna, os apelidos ou o próprio nome no diminutivo ou aumentativo.

Bom de bico – Palavra falada

Maria lindíssima, boníssima, prendadíssima e as irmãs bem feinhas, chatinhas, bobinhas e enjoadinhas, o que deixava a velha madrasta cada vez mais irritada.

Assim como a Maria e as irmãs e personagens da história Maria Borralheira são muito diferentes, as pessoas, de um modo geral também são pra lá de variadas. Portanto, é natural que os alunos identifiquem, em seu convívio, características diversas em pessoas diversas. Se para Maria, "boníssima" e "lindíssima" são algumas de suas qualidades, e chatinhas e bobinhas, cabem tão bem para suas irmãs, outras tantas características e pessoas podem ser lembradas pelos alunos. Retomar o texto citado e conversar sobre a ideia da diferença entre as pessoas é uma forma de trazer para perto dos alunos a experiência da diversidade humana. A partir desse tema, será fácil listar com eles características que costumamos usar para descrever as pessoas, tais como as que aparecem no texto e outras: chatinha, metidinha, cara de pau, super legal, animada, espevitada, bem humorada, bobinha etc. Provavelmente esta lista crescerá a cada dia, por meio das conversas entre alunos e professor, e essas denominações passarão gradativamente a fazer parte do repertório de comunicação do grupo, de um discurso comum entre crianças e educador.

Sopa no mel – Lição de casa

Sua mãe antes de morrer havia dado a ela uma vaquinha encantada, para protegê-la de qualquer mal que pudesse acontecer.

Conversar com os alunos sobre a vaquinha encantada e considerar que ela realmente era diferente de todas as outras por ter sido um presente da mãe da Maria, por realizar coisas incríveis, ser extremamente generosa, proteger Maria na ausência de sua mãe e, por fim, possuir em seu bucho, uma varinha mágica. Prosseguir essa conversa com as crianças, fazendo com que elas entendam que esse animal era encantado pelas coisas que fazia e que, curiosamente, elas e, seus pais e as pessoas em geral também ficam encantadas quando auxiliam alguém que prezem por alguma razão, seja por parentesco, amizade ou reconhecimento. Por meio de exemplos, fortalecer essa ideia e enviar para casa os seguintes textos para que os pais ou responsáveis leiam e completem:

Na história que está sendo trabalhada, há uma vaquinha encantada, muito generosa, que realiza coisas surpreendentes para ajudar uma jovem, cujo nome é Maria.

Vocês muitas vezes devem ter ficados encantados por terem recebido, por exemplo, um abraço de seu filho (a) e também por lhe oferecerem algo de que necessitava ou desejava, como uma bicicleta, ou porque lhe "deram colo!" durante uma noite em que acordou chorando assustado(a), com medo provocado por algum pesadelo.

Por favor, completem os dois textos e conversem com seu filho sobre ele e a troca de ofertas e cuidados entre vocês.

Quando, (colocar o nome do aluno) e (disponibilizar um espaço para os pais escreverem a ação do(a) filho(a)), ficamos completamente encantados.

Nós oferecemos a(o) (colocar o nome do aluno) porque ele(a) (disponibilizar espaço para a ação do filho(a)).

O que é? O que é? – O todo na parte

Hoje ela te dá biscoitos de mel, depois vai dar de fel

Fel e mel são palavras que rimam mas, não combinam muito não! Essa sonora rima pode ser aproveitada para os alunos brincarem com as palavras e também atribuírem seus respectivos significados: o mel, evocando o sentido da amorosidade, da doçura, e o fel, evocando a maldade, o incômodo.

As duas palavras, *fel e mel*, podem ser representadas por códigos escolhidos pelo grupo, que poderão ser indicadores de situações e personagens que se encaixam em um desses dois sentidos. Conversando com os alunos é possível se chegar, por exemplo, a situações como sentir muita dor de barriga, brigar com o irmão, sentir medo, associadas ao sentido de mel, portanto ao código que indica "fel". Ou então situações como passear no fim de semana, comer brigadeiro, visitar uma avó querida serem associadas ao código que indica "mel".

Registro no Tabuleiro do Itinerário

Sete chaves – Perguntas do enredo

Proposta – A partir das atividades da Maria e da vaquinha encantada, levantar com os alunos as ações que costumam realizar, as competências e habilidades referentes a essas ações. Listá-los numa folha grande de papel Kraft. Na sequência, definir com os alunos a competência de cada um. Por exemplo: aquele que é bom e gosta de jogar bola, de desenhar e pintar, de tocar, de falar, cantar, de correr, brincar etc. O grupo irá comentar um a um; uma criança por vez ficará no centro como nas brincadeiras de roda.

Realização – As crianças mostraram-se animadas em lembrar e falar sobre aquilo que fazem na escola nos diferentes espaços, horários, sozinhas ou em grupo. No momento da roda, foi interessante notar como gostaram de ouvir sobre si, parecendo que se sentiram reconhecidas. Aproveitamos para falar sobre diversidade e diferenças. Uma criança que era tida como "café com leite", sem expressão, acabou sendo reconhecida como muito boa para fazer esculturas e maquetes. Exemplos de sua habilidade foram os vestidos da Maria que ela construiu durante as aulas de arte com papel machê.

Investigação/Novas ideias – Para que tenha sentido, essa atividade precisará ser realizada num grupo onde as pessoas já tenham certo convívio e se conheçam. Caso fosse um grupo novo poderia pensar-se em uma lista de chamada com as características mais aparentes de cada uma, como por exemplo, uma menina que use fivelas no cabelo. A professora, para identificá-la, desenharia uma fivelinha. Em outro caso, poderia ser os cachinhos, um topetinho, uma pulseira, o tênis, sempre tomando cuidado para valorizar esses sinais. Para entrosar o grupo, diariamente seria feita a chamada, o grupo iria reconhecendo cada um e marcando a presença ou não. Essa proposta iria para a janela *O que é o que é* – O todo na parte.

⬢ Ver pra crer – Atividade experimental

Proposta – Descobrir como colorir tiras de cordões com tinta de anilina de confeiteiro; usar garrafinhas transparentes para que a transformação do líquido em tinta seja vista. Fazer a atividade passo a passo, sempre experimentando os materiais e observando os resultados. Dizer aos alunos que aquele pó (anilina) é mágico também e que eles precisarão descobrir como conseguir, a partir dele, a tinta e as cores.

Realização – Ao considerar que as tintas e as cores não poderiam misturar-se, resolveram que a bacia não precisaria ser tão grande. Concluíram: não seria uma "vaca encantada", mas *vaquinhas encantadas*. Tal conclusão sugeriu a possibilidade de brincar com a ideia de que as vaquinhas seriam, na verdade, as garrafinhas transparentes pequenas, que "engoliriam" os pedaços de cordão. No dia seguinte cheguei com garrafas, anilina de confeiteiro e água. Os alunos entusiasmaram-se ao perceber o pó da anilina sendo engolido pela água. Depois, os cordões sendo engolidos pela tinta. Testaram várias vezes até conseguirem a quantidade de pó necessária para a água de cada vidro até conseguirem a cor desejada. Concluíram: é fundamental que o tom de cada cor seja bastante forte para tingir os cordões.

Investigação/Novas ideias – Foi importante a espera para que a descoberta acontecesse. O fato de as garrafas serem transparentes e a transformação da água em tinta ser visível foi motivador. Nomear os vidros de "vaquinhas" ajudou os alunos a entender a função desses continentes, pois são análogos ao continente mágico da história (a vaca), além de levá-los a perceber a relação entre coisas e fenômenos. É preciso levantar questões com as crianças e ouvir suas respostas durante a experimentação, ajudando-as a encaminhar uma experiência.

Olho vivo – Varal de imagens

Proposta – Deixar todos os barbantes coloridos estendidos sob uma mesa grande e propor aos alunos que façam, inspirados no trabalho da vaquinha encantada, a representação de um trajeto que parta de uma casa e chegue até um rio. Antes de começarem, sugerir que fechem os olhos e imaginem-se percorrendo o caminho, observando o que poderia estar presente: árvores, flores, animais, outras casas, a chuva, o sol ou a lua, se for à noite. Lembrar aos alunos que poderão, se quiserem, utilizar o giz de cera para completar o trabalho.

Realização – Embora os cordões não estivessem exatamente embaralhados foi preciso que tomassem cuidado para que isso não acontecesse a cada vez que escolhiam e pegavam um. Extremamente concentrados e animados, os alunos realizaram a proposta e o painel ficou lindo! Outros grupos vieram conhecer os trabalhos e as crianças monitoraram essas visitas, contando quem fez o que, e naturalmente, narrando a história de Maria Borralheira, dando ênfase à vaquinha encantada. Todos se encantaram!

Investigação/Novas ideias – Como o interesse dos outros grupos foi bastante grande, poderá ser pensada uma atividade para a janela **De cá pra lá**, usando os cordões, quem sabe a construção de labirintos: todos os grupos constroem o seu labirinto e todos percorrem os dos outros grupos. Os labirintos serão fotografados, as fotos expostas e os desenhos formados com os cordões em cada labirinto poderão ser vistos pelas pessoas da escola. A ideia dos cordões para representar caminhos, percursos, trajetos me pareceu bastante interessante, pois o uso dos cordões coloridos associado à imaginação dos alunos determinou a riqueza dos trabalhos.

Boca no trombone – Pesquisa de toda a sorte

Proposta – Perguntar aos adultos da escola se eles têm algum apelido e fazer uma lista dos nomes e respectivos chamamentos. Pedir que cada um dos entrevistados anote o nome e apelido na folha de registro, descrita no caderno do itinerário.

Realização – Foi surpreendente descobrir os apelidos dos educadores. Alguns chamaram mais atenção, como a de uma professora muito alta, cujo apelido é Nena (por ser a filha caçula – a nenê da casa!) e Marcela, chamada pelos familiares de Chela (as crianças acharam divertido repetir o som: chela!). O mesmo aconteceu com Lúcia, cujo apelido é Luluca (lembraram de Lelé da Cuca). Na sequência, conversamos sobre os apelidos pejorativos e aqueles que são engraçados ou mais afetivos.

Investigação/Novas ideias – Essa experiência reforçou a relação dos alunos com os adultos da escola, a constatação da singularidade das pessoas, o exercício fonético com os nomes e sílabas, a desinibição das crianças. Os Trava-línguas e as rimas sem dúvida agradam os pequenos, por isso serão trabalhados com maior frequência. A partir da história, o nome da Fruta (Chico dos Bonecos), brincaremos com os nomes das crianças.

Corpo e alma – Corporeidade, gesto e postura

Proposta – Brincar com os versos do Jacaré, substituir a palavra jacaré pelo nome de uma criança que sai da sala, fecha a porta, e fica no corredor. Em voz alta, todos chamam pelo nome, ela volta imitando algum bicho e o grupo tem que adivinhar qual é o bicho. Depois, o aluno ou aluna que saiu escolhe outra e a brincadeira se repete.

Realização – Quando as crianças ouviam o seu nome ser falado em voz alta por todo o grupo foi incrível: mostravam-se felizes por serem reconhecidas e alegres ao constarem a vibração das vozes e seu nome ecoar pelo corredor da escola. O segundo momento, a mímica do bicho e a descoberta do mesmo, exigiram empenho e expressão corporal dos alunos. Todos se mostravam muito recompensados quando o grupo finalmente descobria qual era o animal representado.

Investigação/Novas ideias – Embora o foco dessa proposta tenha sido a representação dos bichos e a criança descobrir as características e movimentos dos mesmos em seu próprio corpo, o mais surpreendente foi a reação de todas ao ouvirem seus nomes serem pronunciados por todo o grupo. Mostravam-se felizes, pareciam alegres, cheias de energia e empenhadas em representar o bicho escolhido, como se quisessem dizer, vejam meu potencial e minha vontade de realizar essa tarefa para todos nós e a brincadeira acontecer de verdade. Essa proposta se mostrou de grande valor para integração dos alunos no grupo.

De cá pra lá, de lá pra cá – Migração de experiências

Proposta – Convidar outros grupos para confecção de labirintos com cordão, antes de contar a história da Maria Borralheira. Cada grupo faz o seu para que seja percorrido por outro, e escolhe um ritmo, uma música para ser ouvida por aqueles que entram e descobrem a saída do labirinto em questão. Primeiro olham para a geografia (a imagem) do labirinto que vão seguir e depois entram e caminham por ele.

Realização – Os grupos levaram mais ou menos 10 minutos para construir os labirintos. Durante a construção todos opinavam sobre a direção que o cordão deveria tomar. Os professores tiveram que ter "jogo de cintura" para conseguir decisões unânimes, mas felizmente todos conseguiram. O momento mais animado foi realmente o da música, quando percorreram os labirintos. Os ritmos escolhidos foram perfeitos e surpreendentes: tango, xaxado, valsa.

Investigação/Novas ideias – Esse momento de trocas entre os grupos poderia ter sido melhor aproveitado, se cada professor e seus alunos tivessem pensado em como construir o labirinto antes do horário do encontro, uma vez que construir o labirinto por si só já exigiu muito empenho da turma. Os ritmos e músicas, provavelmente serão reapresentados na noite do grande baile em comemoração ao casamento da Maria Borralheira e o príncipe, que se realizará no fechamento dos trabalhos com a história.

Mundos e fundos – Material vira linguagem

Proposta – Escolher um objeto que possa ser relacionado com a barriga da provedora vaquinha, presente deixado à Maria por sua mãe, como uma caixa ou tecido que possam abrigar materiais, objetos ou eventuais surpresas destinadas ao grupo.

Realização – Optei por uma caixa de papelão, na qual por sugestão dos alunos, pintamos, o pelo da vaquinha. Segundo eles, era uma vaquinha malhada, branca com manchas pretas. Primeiro deixamos a caixa toda branca e no dia seguinte pintamos as manchas pretas. Os alunos adoraram, mas a caixa acabou quebrando-se com o uso, o que nos levou a trocar por um tecido branco, onde, novamente, pintamos a nossa vaquinha malhada.

Investigação/Novas ideias – A transformação dos materiais pode dar-se de maneira muito simples para a adequação das imagens projetadas pelos alunos. É preciso representar menos, isto é, fornecer alguns detalhes suficientes de um personagem ou objeto, a fim de que a criança possa exercer sua capacidade imaginativa, completando com sua mente o que não está presente nos sentidos, por exemplo, para ela enxergar a vaquinha na caixa ou tecido, bastaram as manchas pretas e a cor branca como referências desse animal.

Bom de bico – Palavra falada

Proposta – Fazer uma lista com nomes de pessoas conhecidas e suas respectivas qualidades, buscando palavras e expressões do cotidiano da nossa língua para caracterizá-las e enriquecer comunicação dos alunos. Como, por exemplo, alguém de pele lisinha ser chamada de "pele de pêssego". A ideia é abrir um canal de expressões relativas às pessoas do convívio das crianças.

Realização – As crianças lembraram com naturalidade de amigos e familiares. Eu ajudei, retomando primeiro as características das personagens da história, a que elas associaram principalmente aos irmãos e mães. *Chatinho e linda* foram alguns dos adjetivos escolhidos e bem empregados. Depois, foram diversificando-se e apareceram vários amigos legais, outros bravos, tios engraçados, uma prima muito envergonhada.

Investigação/Novas ideias – Aproveitar expressões do texto como: *pôr as manguinhas de fora, ranheta, só por pirraça, ralhar, esbaforidas, diziam à boca miúda, não esquenta, mal ajambrada* e usar no dia a dia com os alunos. Enviar as expressões para casa, por escrito (contemplando a janela **Sopa no mel**) e perguntar aos familiares se conhecem essas expressões e outras do gênero para completar a lista.

Sopa no mel – Lição de casa

Proposta – Conversar com o grupo sobre o tema "ajuda", aproveitando o exemplo da provedora vaquinha da história, deixada pela mãe de Maria. Após essa conversa, enviar para casa uma pesquisa (que está descrita no **Caderno do Itinerário**) para os pais responderem se já ajudaram seus filhos e como foram reconhecidos por eles.

Realização – Os depoimentos foram extremamente interessantes e motivadores de conversas, risadas, e curiosidades.

Investigação/Novas ideias – Devemos abrir espaços para as crianças revelarem suas experiências diante das mais variadas situações de vida. Falando, elas compartilham sentimentos, experimentam a cumplicidade, seja como professor adulto, seja com seus colegas, que muitas vezes trazem situações semelhantes. Elas liberam receios e adquirem confiança no ambiente, fortalecendo sua capacidade de interação com a escola e com o conhecimento do mundo.

O que é? O que é? – O todo na parte

Proposta – Conversar com os alunos sobre situações agradáveis e desagradáveis da vida, aproveitar para eles se colocarem, falarem de algumas dificuldades, prazeres e satisfações. Em seguida, retomar as expressões da história, chamando a atenção para as palavras "fel" e "mel". Ir associando as experiências relatadas pelos alunos ora a fel, ora a mel. As mais conflituosas a "fel" e as mais agradáveis a "mel".

Realização – No início os alunos ficaram aguardando minhas orientações, então resolvi contar uma experiência própria, uma briga entre mim e minha irmã. Entusiasmados com essa pequena narrativa, eles começaram a narrar suas histórias de contentamento e desafios.

Investigação/Novas ideias – As pequenas narrativas orais geraram o sentimento de pertencimento e identidade entre os alunos. Reforçaram a capacidade natural das crianças não letradas, de narrarem entre elas experiências com começo, meio e fim.

Ecos da rua – Brinquedos falados e cantados

Proposta – Ler em voz alta os versos da fada da história e pedir para os alunos repetirem. Variar os comandos de leitura (só meninos, só meninas, quem está de blusa amarela, ou de tênis etc.). Aos poucos, motivados pela repetição em voz alta, eles vão se familiarizar com os versos até decorá-los. É mais fácil do que se imagina! Como essas quadrinhas serão repetidas no ritmo da brincadeira de pular corda, certamente serão facilmente incorporadas ao repertório oral do grupo.

Realização – Os alunos empolgaram-se tanto com a repetição dos versos que acabaram por fazer um desafio entre si. Primeiro os meninos juntaram-se de um lado e as meninas de outro. Cada grupo decorou uma quadrinha para apresentar. Fui organizando outras possibilidades de agrupamento e de repetição dos versos, ora só versos da fada para as irmãs, ora só versos da fada para Maria. Em seguida fomos ao pátio treinar pular corda com o já afinado coral!

Investigação/Novas ideias – Os brinquedos cantados e recitados ao ar livre sempre são muito bem-vindos pelas crianças; penso que quando os alunos se juntam para brincar de roda, pular corda, pega-pega, o pátio mais parece um salão de baile a céu aberto pela alegria, ritmos e movimento! Posso criar uma rotina no pátio da escola, em que cartazes sejam fixados com registros de cantigas e brincadeiras, mobilizando adultos e crianças para puxar uma roda, começar uma brincadeira. Esse material deveria ser periodicamente trocado, aproveitando contribuições da comunidade de educadores e funcionários da escola, bem como das famílias dos alunos.

Terceiro andar – As três dimensões das expressões plásticas

Proposta – Programar três momentos distintos durante a semana para realizar uma sensibilização em que o grupo possa imaginar os ambientes evocados nos pedidos de Maria e seus vestidos. Nesses momentos retomar os respectivos trechos da história que trazem esses ambientes da natureza e selecionar uma música que mobilize a imaginação dos alunos. Propor a projeção desses ambientes em tecidos, por meio de pintura com as cores e de traçados predominantes de cada um. Dependurar esses tecidos em uma estrutura simples, em cruz, com cabos de vassoura, em dias alternados, que lembrem os vestidos e os bailes de Maria Borralheira.

Realização – Os alunos tiveram muita facilidade em imaginar o céu: pintaram o tecido de azul claro e com tinta branca muitas estrelas. Para fazer a floresta, além de pintarem o tecido de um verde escuro, no dia seguinte, já com a tinta seca trouxeram gravetos e folhas secas e colaram para completar a "paisagem". Para o mar, escolheram um azul mais forte que o azul do céu e ainda foram fazendo traçados ondulados pela superfície. Os alunos, a cada dia, chegavam na escola e logo na entrada, iam até o "boneco de pau" para trocar o vestido encantado : tiravam o céu e colocavam o mar, no dia seguinte trocavam pela floresta, lembrando sempre dos três bailes, dos três sonhos realizados de Maria.

Investigação/Novas ideias – Pesquisar em livros e com outros professores da escola informações sobre o mar, o céu e a floresta. Montar um pequeno diário das descobertas do grupo através de colagens e desenhos, como registro da pesquisa realizada.

	TERCEIRO ANDAR As três dimensões das expressões plásticas	O QUE É? O QUE É? O todo na parte	SETE CHAVES Pergunta do enredo	DE LÁ PRA CÁ DE CÁ PRA LÁ Migração de experiências	ECOS DA RUA Brinquedos falados e cantados	C ge
PROPOSTA O que vou fazer	Programar três momentos distintos durante a semana para realizar uma sensibilização em que o grupo possa imaginar os ambientes evocados nos pedidos de Maria e seus vestidos. Nesses momentos retomar os respectivos trechos da...	Conversar com os alunos sobre situações agradáveis e desagradáveis da vida, aproveitar para eles se colocarem, falarem de algumas dificuldades, prazeres e satisfações. Em seguida, retomar as expressões da história, chamando a atenção...	A partir das atividades da Maria e da vaquinha encantada, levantar com os alunos as ações que costumam realizar, as competências e habilidades referentes a essas ações. Listá-los numa folha grande de papel Kraft. Na sequência,...	Convidar outros grupos para confecção dos labirintos com cordão, antes de contar a história da Maria Borralheira. Cada grupo faz o seu para que seja percorrido por outro, e escolhe um ritmo, uma música para ser ouvida por aqueles que...	Ler em voz alta os versos da fada da história e pedir para os alunos repetirem. Variar os comandos de leitura (só meninos, só meninas, quem está de blusa amarela, ou de tênis etc.). Aos poucos, motivados pela repetição em voz...	Brin Jaca jacar criar fech corre todo ela v biche adiv
REALIZAÇÃO O que foi feito	Os alunos tiveram muita facilidade em imaginar o céu: pintaram o tecido de azul claro e marcaram com tinta branca, muitas estrelas. Para fazer a floresta, além de pintarem o tecido de um verde escuro, no dia seguinte, já com a tinta...	No início os alunos ficaram aguardando minhas orientações, então resolvi contar uma experiência própria, uma briga entre mim e minha irmã. Entusiasmados com essa pequena narrativa, eles começaram a narrar suas histórias de...	As crianças mostraram-se animadas em lembrar e falar sobre aquilo que fazem na escola nos diferentes espaços, horários, sozinhas ou em grupo. No momento da roda, foi interessante notar como gostaram de ouvir sobre si, parecendo que...	Os grupos levaram mais ou menos 10 minutos para construir os labirintos. Durante a construção todos opinavam sobre a direção que o cordão deveria tomar. Os professores tiveram que ter "jogo de cintura" para conseguir decisões...	Os alunos empolgaram-se tanto com a repetição dos versos que acabaram por fazer um desafio entre si. Primeiro os meninos juntaram-se de um lado e as meninas de outro. Cada grupo decorou uma quadrinha para apresentar. Fui organizando outras...	Qua ouvi falac todo mos sere vibra nom da e
INVESTIGAÇÃO/ NOVAS IDEIAS	Pesquisar em livros e com outros professores da escola informações sobre o mar, o céu e a floresta. Montar um pequeno diário das descobertas do grupo através de colagens e desenhos, como registro da pesquisa realizada.	As pequenas narrativas orais geraram o sentimento de pertencimento e identidade entre os alunos. Reforçaram a capacidade natural das crianças não letradas, de narrarem entre elas experiências com começo, meio e fim.	Para que tenha sentido Essa atividade precisará ser realizada num grupo onde as pessoas já tenham certo convívio e se conheçam. Caso fosse um grupo novo poderia pensar-se em uma lista de chamada com as características mais...	Esse momento de trocas entre os grupos poderia ter sido melhor aproveitado, se cada professor e seus alunos tivessem pensado em como construir o labirinto antes do horário do encontro, uma vez que construir o labirinto...	Os brinquedos cantados e recitados ao ar livre sempre são muito bem-vindos pelas crianças; posso pensar que quando os alunos se juntam para brincar de roda, pular corda, pega-pega, o pátio mais parece um salão de baile a céu aberto pela...	Emb prop repr e a carac mov em s mais reaç seus

MUNDOS FUNDOS	OLHO VIVO	VER PARA CRER	BOM DE BICO	BOCA NO TROMBONE	SOPA NO MEL
aterial vira nguagem	Varal de imagens	Atividade experimental	Palavra falada	Pesquisa de toda sorte	Lição de casa
er um objeto que er relacionado oarriga da ora vaquinha, e deixado à Maria mãe, como uma u tecido que a abrigar materiais, ou eventuais as destinadas...	Deixar todos os barbantes coloridos estendidos sob uma mesa grande e propor aos alunos que, e façam, inspirados no trabalho da vaquinha encantada, a representação de um trajeto que parta de uma casa e chegue até um rio...	Descobrir como colorir tiras de cordões com tinta de anilina de confeiteiro; usar garrafinhas transparentes para que a transformação do líquido em tinta seja vista. Fazer a atividade passo a passo, sempre experimentando os materiais e...	Fazer uma lista com nomes de pessoas conhecidas e suas respectivas qualidades, buscando palavras e expressões do cotidiano da nossa língua para caracterizá-las e enriquecer comunicação dos alunos. Como,...	Perguntar aos adultos da escola se eles têm algum apelido e fazer uma lista dos nomes e respectivos chamamentos. Pedir que cada um dos entrevistados anote o nome e apelido na folha de registro, descrita no caderno do itinerário.	Conversar com o grupo sobre o tema "ajuda", aproveitando o exemplo da provedora vaquinha da história, deixada pela mãe de Maria. Após essa conversa, enviar para casa uma pesquisa (que está descrita no Caderno do Itinerário) para os...
or uma caixa de , na qual por o dos alunos, es, o pelo da a. Segundo eles, vaquinha a, branca com s pretas. Primeiro os a caixa toda e no dia...	Embora os cordões não estivessem exatamente embaralhados foi preciso que tomassem cuidado para que isso não acontecesse a cada vez que escolhiam e pegavam um. Extremamente concentrados e animados, os alunos realizaram a...	Ao considerar que as tintas e as cores não poderiam misturar-se, resolveram que a bacia não precisaria ser tão grande. Concluíram: não seria uma "vaca encantada", mas vaquinhas encantadas. Tal conclusão sugeriu a...	As crianças lembraram com naturalidade de amigos e familiares. Eu ajudei, retomando primeiro as características das personagens da história, a que elas associaram principalmente aos irmãos e mães. Chatinho e linda foram...	Foi surpreendente descobrir os apelidos dos educadores. Alguns chamaram mais atenção, como a de uma professora muito alta, cujo apelido é Nena (por ser a filha caçula – a nenê da casa!) e Marcela, chamada pelos...	Os depoimentos foram extremamente interessantes e motivadores de conversas, risadas, e curiosidades.
ormação dos is pode dar-se de a muito simples adequação das s projetadas pelos É preciso ntar menos, isto é, r alguns detalhes tes de um agem ou...	Como o interesse dos outros grupos foi bastante grande, poderá ser pensada uma atividade para a janela De cá pra lá, usando os cordões, quem sabe a construção de labirintos: todos os grupos constroem o seu labirinto e todos percorrem os...	Foi importante a espera para que a descoberta acontecesse. O fato de as garrafas serem transparentes e a transformação da água em tinta ser visível foi motivador. Nomear os vidros de "vaquinhas" ajudou os alunos a...	Aproveitar expressões do texto como: pôr as manguinhas de fora, ranheta, só por pirraça, ralhar, esbaforidas, diziam à boca miúda, não esquenta, mal ajambrada e usar no dia a dia com os alunos. Enviar as expressões para casa,...	Essa experiência reforçou a relação dos alunos com os adultos da escola, a constatação da singularidade das pessoas, o exercício fonético com os nomes e sílabas, a desinibição das crianças. Os Trava-línguas e as rimas sem dúvida...	Devemos abrir espaços para as crianças revelarem suas experiências diante das mais variadas situações de vida. Falando, elas compartilham sentimentos, experimentam a cumplicidade,...

X – O BODE E A ONÇA

O bode e a onça
Versão de um conto popular
por Zeco Montes

O bode, coitado, não aguentava mais dormir ao relento. Era resfriado, tosse, mal-estar a toda hora. Resolveu construir uma bela casa para passar o resto de seus dias. Procurou o melhor lugar da floresta. Subiu morro, desceu morro, embrenhou-se na mata cerrada, caminhou ao longo de rios, andou, andou, andou... Até que encontrou uma linda clareira, lugar perfeito para sua sonhada casinha. Ficou tão animado que não perdeu tempo. Começou, logo, a limpar, capinar e roçar o terreno. Trabalhou, trabalhou e trabalhou até o pôr do sol. Estava exausto e feliz:

— Ufa! Hoje trabalhei como um burro de carga, mas valeu a pena! Dou uma descansada e já posso começar a construir minha casa. E foi embora descansar.

Enquanto isso, do outro lado da floresta...
A onça, coitada, também não suportava mais dormir ao relento. Ultimamente ficava sempre doente, febril. Resolveu construir uma bela casa para passar o resto de seus dias. Andou, andou, andou, caminhou ao longo de rios, embrenhou-se na mata cerrada, desceu morro, subiu morro. Queria achar o melhor lugar da floresta. E achou: uma linda clareira, lugar perfeito para a tão desejada casinha

E melhor ainda, o terreno já estava limpinho, prontinho - para construir. Resolveu não perder tempo e começou a cortar madeira. E plainou, lixou e empilhou. Trabalhou como nunca tinha trabalhado na vida. Estava exausta e feliz:

— Ufa! Hoje trabalhei como um camelo! Agora descanso, depois... é só erguer as paredes da minha casa.

E foi embora descansar.

Quando o bode chegou à clareira e viu aquele monte de madeira, empilhada, lixada, prontinha para ser usada, ficou muito desconfiado. Olhou para um lado, olhou para o outro, cheirou, apurou os ouvidos e... nada. Como não achou nada suspeito, olhou para cima, pensou que só podia ser uma ajuda dos céus, pelo fato dele ser um bom sujeito. E se pôs a levantar as madeiras, até que todas as paredes ficaram em pé. Foi um trabalhão.

— Ufa! Agora só falta o telhado, vou deixar para depois. Preciso descansar, pois hoje carreguei peso como uma formiga.

E foi embora descansar.

A onça quando chegou à clareira e viu as paredes todas prontas, ficou muito desconfiada.

Olhou para um lado, olhou para o outro, cheirou, afiou as garras, apurou os ouvidos e... nada. Como não achou nada suspeito, pensou que só podia ser uma ajuda dos céus, pelo fato dela ser assim... bonitona, forte. Até porque boazinha ela não era mesmo. E entrou na mata para colher folhagem suficiente para cobrir a casa.

Escolheu as melhores folhas das melhores árvores e fez um telhado e tanto! A casa estava pronta e linda. Toda essa trabalheira deu uma fome danada na onça, que resolveu sair para caçar. Foi só ela sair para o bode chegar para fazer o telhado e terminar a casa. Ele levou um susto quando viu que a casa estava terminada e com um belíssimo telhado. A porta estava aberta e ele foi entrando, meio ressabiado, andando devagarinho, nas pontas dos cascos, para não fazer barulho. Como não achou ninguém ali dentro, agradeceu aos céus pela ajuda recebida e se estatelou para passar a primeira noite em sua casa.

A onça, ao voltar de sua refeição, deu de cara com o bode dormindo na sua casa. Ficou furiosa. Mais que furiosa: furibunda. Babava ódio, seus olhos saltaram, resfolegava. Enfim, com o perdão do trocadilho, virou uma onça mesmo. O bode, que acordou sobressaltado com aquela invasão intempestiva, ficou indignado e passou a ralhar com a onça, perguntando como ela entrava em sua casa sem bater na porta, dizendo que ela era mal educada, que ela era isso, que era aquilo. A onça retrucou que a casa era dela e que o bode aproveitou que ela tinha dado uma saidinha e invadido a casa que ela tinha trabalhado tanto para construir, que o bode era isso, era aquilo outro. O bode respondeu que ele é quem tinha roçado o terreno e levantado as paredes, portanto ele tinha construído a casa, só com uma pequena ajudinha dos céus. Um bate-boca terrível transcorreu toda a noite até o amanhecer, quando, exaustos, perceberam, ao mesmo tempo, que cada um tinha construído a casa em períodos alternados.

A onça, cheia de más intenções, propôs que os dois morassem juntos na casa. Mas ela estava pensando mesmo em, um dia, jantar o novo companheiro. O bode, sem outra saída, aceitou, mas ele estava pensando mesmo era em como poderia dar cabo da nova companheira.

A convivência entre eles era péssima, um sempre com o pé atrás, a outra sempre com pulgas atrás da orelha, o outro sempre pisando em ovos, e assim por diante. Até que um dia, ela trouxe um cabritinho para a janta e convidou o bode para comer. O bode, claro, ficou com medo, disse que estava sem fome e saiu para passear na floresta, pensar na vida, resolver o que fazer, sei lá. Para falar a verdade e, de novo, com o perdão do trocadilho, ele pegou um bode da onça que nem te conto. Mas, num golpe de sorte, ele encontrou uma onça morta por um caçador, quando voltava para casa, já pertinho. Carregou a onça morta até em casa e convidou a onça viva para compartilhar a janta que ele tinha caçado. A onça ficou apavorada, disfarçou, fingiu estar tranquila, perguntou ao bode como ele tinha conseguido pegar aquele animal tão maior e mais forte que ele. O bode, assoprando o casco, disse que foi fácil, com um coice só, que era comum ele fazer aquilo e que já tinha perdido as contas de quantas onças já tinha matado. A bichana nem quis ouvir mais nada, saiu correndo. Dizem que está correndo até hoje e nunca mais virou para trás.

E o bode está lá até hoje, no bem bom, vivendo de papo pro ar.

Atividades no Caderno do Itinerário

Sete chaves – Perguntas do enredo

Perguntas gerais do enredo

1. O que chama atenção na história do Bode e da onça?
– Dois animais, o bode e a onça, depois de muito procurar, escolherem o mesmo lugar para construir uma moradia, um animal feroz e outro aparentemente manso;
– Durante a construção, não perceberem que trabalhavam juntos;
– Os direitos iguais determinarem que deveriam compartilhar a moradia;
– O bode conseguir driblar a onça feroz;
– Trechos recorrentes, próprios dos contos populares.

2. Quais as mensagens e temas desse enredo?
– As aparências às vezes enganam;
– A necessidade de proteção, aconchego, abrigo;
– O trabalho como valor;
– A astúcia e a inteligência como meios de proteção e defesa;
– A valorização dos recursos e forças, tanto física (construir uma casa) quanto mental (o bode consegue enganar a onça!

Perguntas do enredo sugerem perguntas do professor para o professor

– Tenho me deixado levar pelas aparências?
– Valorizo a ocorrência das coincidências como algo a ser investigado?

– Quando e como me sinto acolhido e protegido?
– Como está minha autoestima?

Perguntas do enredo sugerem perguntas do professor para seus alunos

– Tenho acolhido meus alunos?
– Todos os meus alunos têm tido oportunidade de colocar suas ideias? Expressar seus pequenos projetos?
– A motivação do meu grupo para as atividades tem sido evidente? Percebo suas necessidades e interesses? Tenho levado em consideração essa fonte ao planejar atividades ou determinar conteúdos a serem trabalhados?
– Alguma criança foi ou tem sido excluída?
– A singularidade de cada um tem se projetado nas propostas?
– O pensamento intuitivo do grupo faz-se presente em sala de aula?
– O pensamento simbólico tem enriquecido as propostas?

Atividade ligada às perguntas do enredo

Como é de se esperar, as crianças identificaram-se com a necessidade desses protagonistas : de proteção, de aconchego, de abrigo. Em função disso, é interessante realizar uma conversa sobre os cuidados que recebem ou receberam dos adultos, enquanto estão crescendo. Em roda, os alunos irão considerar algumas alternativas relativas a esses cuidados. Eles responderão individualmente cada uma delas. Talvez permaneçam, como diz o povo, "numa saia justa", pois não será nada fácil escolher uma coisa ou outra; mas, mesmo assim, vão se divertir do começo ao fim! Não examinarão todas de uma vez, mas na ordem proposta: a primeira é apresentada, todos respondem, depois a seguinte e assim por diante.

Seguem as alternativas:

1. Conte bem baixinho: na hora de dormir, você prefere história de imaginar ou música de ninar?
2. Você prefere mamar na mamadeira ou fazer uma choradeira?
3. Agora quero saber: O que é mais gostoso, um leite quentinho ou um suco geladinho?
4. Dá para escolher? É melhor brincar de pega-pega ou de escorrega?
5. Tomar banho é muito bom, ou o melhor mesmo é um bombom?
6. Nesse instante pense bastante: você escolhe ir pra escola com a mamãe ou voltar para casa com o papai?
7. Não entendi, na casa do vovô você ganha carrinho ou carinho?
8. Vamos combinar: aniversário com mais alegria é de noite ou de dia?
9. Quero saber um segredo, você prefere brincar de adivinha ou com sua vizinha?
10. Se quiser matar a fome, você escolhe manteiga no pão ou um suculento macarrão?
11. Se ficar doente, ai! Quem mede sua febre, a mamãe ou o papai?
12. Se sentir medo, ai, ai! Quem chama primeiro: a mamãe ou o papai?

Mundos e Fundos – Material vira linguagem

O bode, coitado, a onça, coitada, cada um no seu canto, não suportavam mais dormir ao relento.

Queriam achar o melhor lugar da floresta.

E acharam cada um num momento, uma linda clareira, lugar perfeito para tão desejada casinha.

A casa é, nessa história, e também na vida diária das crianças, o lugar desejado onde podem sentir-se protegidas, restabelecer forças para um novo dia, guardar seus pertences especiais, encontrar entes queridos. E o bode, e a onça, são os alunos, cada um em sua diversidade buscando um lugar e um encontro. A criação e a demarcação de um espaço só para o grupo pode acontecer usando-se alguns materiais, como um tecido, que, quando amarrado na sala, delimita um local separado e protegido da visão dos passantes, ou então uma caixa em que caiba pelo menos uma criança por vez, para cada uma entrar e viver o sentido corporal da proteção e do aconchego de uma casa. Mesmo sem telhado, porta ou janela, a criança verá nesse lugar uma casa onde poderá brincar com seus amigos, organizar materiais, guardá-los e acessá-los quando oportuno. Ter uma casa para onde voltar também significa ter lugares para onde ir! Lá da casa, com o grupo reunido, pode nascer a ideia de um passeio com a turma pela escola e, se possível pelo entorno dela também. Procurar pelo caminho o que pode ser interessante de ser descoberto: pequenas folhas, pedrinhas, objetos quebrados. No final do passeio, todos os materiais encontrados podem ser colocados na "casa" do grupo para, num segundo momento, propor aos alunos "verem" nos "achados" - em cada objeto recolhido no passeio -, outro tanto de coisas, por meio de lembranças, experiências, fazendo associações possíveis ou modulações criativas, despertadas pelas "coisinhas" encontradas.

Ecos da rua – Brinquedos cantados e falados

Só foi ela sair para o bode chegar para fazer o telhado e terminar a casa. E foi embora descansar. Quando chegou à clareira e viu as paredes todas prontas, a onça ficou muito desconfiada.

Uma brincadeira claramente lembrada por essa história é o esconde-esconde! É o bode chegando e a onça saindo, ela voltando e ele se picando!

Outra brincadeira que não fica pra trás nessa história é o pega-pega, tão bem praticada pelo Bode no final, que até poderia ser traduzida por "pega-onça"!

O esconde-esconde pode ser organizado de tal forma que as crianças se dividam entre bodes e onças, ora a turma do bode sai e desaparece para turma da onça chegar e procurar, depois a situação inverte-se.

Na brincadeira de pega-pega ou "pega onça", pode-se escolher um adulto da escola para fugir das crianças, mostrando que força e tamanho nem sempre é documento!

Olho vivo – Varal de imagens

O bode, coitado, não aguentava mais dormir ao relento. Era resfriado, tosse, mal-estar a toda hora. Resolveu construir uma bela casa para passar o resto de seus dias. Procurou o melhor lugar da floresta. Subiu morro, desceu morro, embrenhou-se na mata cerrada, caminhou ao longo de rios, andou, andou, andou... Até que encontrou uma linda clareira, lugar perfeito para sua sonhada casinha. Ficou tão animado que não perdeu tempo.

Aproveitar as imagens descritas pelos textos literários é uma boa maneira de aprimorar a linguagem do desenho. A escolha do espaço, do material em função do texto, a forma de apresentação da proposta também são importantes. Determinar um espaço onde as crianças possam deitar-se, fechar os olhos e imaginar! Ler pausadamente a história e depois representar graficamente o que será proposto a seguir.

Distribuir para metade do grupo cartões com os códigos criados pelos alunos (ver no **Itinerário** a **janela O que é? o que é?**) referentes ao bode e à onça. Brincar com a ideia de que alguns são "o Bode" e outros "a Onça" e propor que façam duplas, pois vão trabalhar em parceria, como quando construíram a casa, mas ao mesmo tempo. As duplas recebem uma folha de papel Kraft, tinta guache e cada parceiro uma brocha pequena! Ler novamente somente o trecho: *Subiu morro, desceu morro, embrenhou-se na mata cerrada, caminhou ao longo de rios, andou, andou, andou... Até que encontrou uma linda clareira, lugar perfeito para sua sonhada casinha* e solicitar que comecem a desenhar o que ouviram. De tempos em tempos repetir a leitura: *Subiu morro, desceu morro, embrenhou-se na mata cerrada, caminhou ao longo de rios, andou, andou, andou... Até que encontrou uma linda clareira, lugar perfeito para sua sonhada casinha.*

O pincel em forma de brocha ajudará os pequenos "a subir e descer morros, a caminhar ao longo dos rios e andar, andar, andar" ou seja, ele deslizará com facilidade. O papel kraft por si já parece um chão de terra onde poderão estar os elementos da natureza, representados pelos traçados, as cores, e as ilustrações das crianças. Na sequencia, pendurar trabalhos no varal da sala.

Ver pra crer – Atividade experimental

O bode, coitado, não aguentava mais dormir ao relento. Era resfriado, tosse, mal-estar a toda hora. Resolveu construir uma bela casa para passar o resto de seus dias. Procurou o melhor lugar da floresta. Subiu morro, desceu morro, se embrenhou na mata cerrada, caminhou ao longo de rios, andou, andou, andou... Até que encontrou uma linda clareira, lugar perfeito para sua sonhada casinha. Ficou tão animado que não perdeu tempo. Começou, logo, a limpar, capinar e roçar o terreno. Trabalhou, trabalhou e trabalhou até o pôr do sol. Estava exausto e feliz.

Brincar com água, tinta, criar misturas diferentes, observar o brilho de coisas diversas agrada demais às crianças. Então, é bom reforçar com os alunos os horários em que o bode e a onça trabalhavam: durante a manhã até o pôr do sol, com o dia transcorrendo e findando com cores e luzes diferentes. Conversar com eles sobre os tons desses momentos do dia e propor que entrem no ateliê e descubram como criar, com seis garrafas de plástico transparente cheias de água, o início da manhã em três delas e o final da tarde, o por do Sol, nas outras três. Além desse material, deixar à disposição: tinta de todos os tons, anilina culinária, papel laminado colorido, purpurina e cola.

Terceiro andar – As três dimensões das expressões plásticas

... o terreno já estava limpinho, prontinho - para construir. Resolveu não perder tempo e começou a cortar madeira. E plainou, lixou e empilhou. Trabalhou como nunca tinha trabalhado na vida.
Escolheu as melhores folhas das melhores árvores e fez um telhado e tanto!

A realização de um pequeno projeto de construção como fizeram a onça e o bode deve inspirar os alunos a ampliarem o uso de materiais corriqueiros: tocos de madeira, palitos de sorvete, palitos de dentes ou gravetos, cordão ou arame fino, barro, cola branca, massinha ou argila, folhas secas ou retalhos de papel, papelão. Fazê-los observar os materiais e projetar a construção de alguma coisa. Poderá ser uma casinha, uma parede, um barco, um avião etc. Avaliar a necessidade de sugerir mais algum material e, como a Onça e o Bode, ou, como costuma-se dizer por aí, "colocar a mão na massa!".

De cá pra lá, de lá pra cá – Migração de experiências

A onça, ao voltar de sua refeição deu de cara com o bode dormindo na sua casa. Ficou furiosa, mais que furiosa: furibunda. Babava ódio, os olhos saltaram, resfolegava. Enfim, com o perdão do trocadilho, virou uma onça mesmo.

Para compartilhar esse trabalho, combinar com o grupo que contem a história para outras pessoas da escola, crianças e adultos, de um jeito diferente, começando pelo seguinte enigma: como um simples bode conseguiu deixar uma onça apavorada, pegar essa fera tão maior e mais forte do que ele, se quando ficava furiosa tornava-se furibunda, babava ódio, os olhos saltavam e ainda resfolegava? Os alunos, já familiarizados com o enredo, sabem a resposta, mas os futuros ouvintes, não! De qualquer maneira, essa pergunta traz vocábulos interessantes quanto à sonoridade e aos significados que podem ser explorados com o grupo, como modo de sensibilizá-los para o relato da história de uma forma provocante. Por isso combinar de colocar o enigma num convite bem grande na escola e de sair em procissão, falando em alto e bom tom os dizeres: "Venham, venham, venham, todos saber como que um simples bode conseguiu ...".

Corpo e alma – corporeidade, gesto e postura

A onça quando chegou à clareira e viu as paredes todas prontas, ficou muito desconfiada. Olhou para um lado, olhou para o outro, cheirou, afiou as garras, apurou os ouvidos e... nada. Como não achou nada suspeito, pensou que só podia ser uma ajuda dos céus, pelo fato dela ser assim... bonitona, forte. Até porque boazinha ela não era mesmo. E entrou na mata para colher folhagem suficiente para cobrir a casa.

Escolheu as melhores folhas, das melhores árvores e fez um telhado e tanto! A casa estava pronta e linda. Toda essa trabalheira deu uma fome danada na onça que resolveu sair para caçar. Só foi ela sair para o bode chegar para fazer o telhado e terminar a casa.

O bode mostrou-se mais perspicaz do que a onça ao vencê-la na disputa pela casa. A onça, embora pudesse ter ganho por ser mais feroz e maior, acabou perdendo, mas de qualquer maneira, os recursos físicos dos dois animais ficam evidentes durante a construção da moradia, pois nenhum dos dois mede esforços para conseguir o que deseja. Conversar com o grupo sobre os atributos desses bichos, tanto os físicos quanto os mentais que, em sintonia, os ajudaram a enfrentar dificuldades e descobrir saídas para situações embaraçosas. Depois, realizar atividades, reforçando e "exibindo" os talentos dos alunos (no que se refere a seus próprios atributos), que se encaixem nessa conversa (adivinhas, brincadeiras como cabo de guerra, pular obstáculos, percorrer circuitos de olhos fechados ou abertos, testar equilíbrios diferentes, etc).

As adivinhas que serão propostas:

> O que é? O que é?
> É verde, mas não é planta;
> Fala, mas não é gente?
> **Resposta: Papagaio**

O que é? O que é?
A bruxa anda de vassoura
Mas na chuva, como sai?
Resposta: De rodo

O que é? O que é?
Que anda com os pés na cabeça?
Resposta: Piolho

O que é? O que é?
Tem cinco dedos,
Mas não tem unha?
Resposta: Luvas

O que é? O que é?
Dá um pulo
E se veste de noiva?
Resposta: Pipoca

O que é? O que é?
Só pode ser usado
Depois de quebrado?
Resposta: Ovo

O que é? O que é
Quanto mais enxuga,
Mais molhada fica
Resposta: Língua

Boca no trombone – Pesquisa de toda a sorte

Subiu morro, desceu morro, embrenhou-se na mata cerrada, caminhou ao longo de rios, andou, andou, andou... Até que encontrou uma linda clareira, lugar perfeito *para sua sonhada casinha.*

Dizer ao grupo: *"assim como o bode ou a onça subiram morro, desceram morro, embrenharam-se na mata cerrada, caminharam ao longo de rios, andaram, andaram, andaram... Até que encontraram uma linda clareira, lugar perfeito para suas sonhadas casinhas, vocês irão subir e descer escadas, caminhar ao longo dos corredores da escola, andar, andar pelos pátios até encontrar as pessoas que deverão descobrir onde fica o dia ou a noite."*

Com as seis garrafas vão ao encontro dos adultos saber se reconhecem os resultados das investigações que fizeram na janela **Ver pra crer - Atividade experimental.**

Bom de bico – Palavra falada

– Hoje trabalhei como um burro de carga
– Hoje carreguei peso como uma formiga.
Hoje trabalhei como um camelo!
... deu uma fome danada na onça.
...meio ressabiado
A onça ficou furiosa, mais que furiosa: furibunda
...virou uma onça!
...passou a ralhar
... a onça retrucou
...bate-boca
...dar cabo
...pegou um bode da onça
...vivendo de papo pro ar

Muitas narrativas trazem palavras extraídas da linguagem oral, assim é importante que se leia em voz alta expressões recolhidas do texto da história e que se converse sobre possíveis significados de expressões usadas no dia a dia da língua portuguesa. Atentar para o fato de que essas expressões, muitas vezes, não aparecem no dicionário, mas estão na imaginação e fala de muita gente! No desenrolar da leitura, provocar os alunos a darem seus palpites e a observar em suas prováveis reações de espanto, alegria ou estranhamento é uma atitude importante do educador que poderá assim projetar ações e estratégias em seu planejamento a partir de suas observações.

Sopa no mel – Lição de casa

Começou, logo, a limpar, capinar e roçar o terreno.
Resolveu não perder tempo e começou a cortar madeira. E plainou, lixou e empilhou.
E pôs-se a levantar as madeiras, até que todas as paredes ficaram em pé.
E entrou na mata para colher folhagem suficiente para cobrir a casa. Escolheu as melhores folhas, das melhores árvores e fez um telhado e tanto!

Ações e tarefas conduzem os dois protagonistas construtores pela história. Aproveitando essa dinâmica, conversar com os alunos sobre os trabalhos de seus familiares e sua participação em algumas tarefas junto aos adultos.

Após esse momento com o grupo, convidar pais e familiares a contar sobre o seu trabalho, enviando a eles o seguinte comunicado: *Qual a sua profissão, com que trabalha?* Depois, complementar a proposta pensando na vocação do bode e da onça quando edificaram a casa: *Assinale as tarefas que são conhecidas ou executadas por você:*

1. *capinar e roçar terreno*
2. *cortar, plainar e lixar madeira*
3. *cobrir telhado*

O que é? O que é? – O Todo na parte

Aproveitando o clima da janela **Bom de bico**, de onde surgiu uma proposta para esta janela, comece lendo em alto e bom tom o trecho do texto que revela a desconfiança, ora do bode (Olhou para um lado, olhou para o outro, cheirou, apurou os ouvidos e... nada), ora da onça *(Olhou para um lado, olhou para o outro, cheirou, afiou as garras, apurou os ouvidos e... nada)*.

Identificar e criar com o grupo possíveis códigos para expressões levantadas na história e também para outras que podem ser pesquisadas e lembradas. Por exemplo, representar a expressão usada na história *burro de carga* com o seguinte código: uma grande mala em cima de quatro patas. Os códigos passam assim a ser reconhecidos na rotina escolar do grupo, que, por sua vez, pode convidar funcionários, colegas de outros grupos, professores para apurar os ouvidos, cheirar, atentar e finalmente adivinhar "o que é? o que é?", cada código ou sinal criado pelos alunos para algumas expressões da história. Esse registro pode crescer com as contribuições dos familiares e da memória coletiva em geral, se periodicamente forem fornecidas outras expressões de nosso idioma registradas por meio de sinais e códigos elaborados pelos alunos.

Algumas expressões da história para serem registradas por meio de códigos:

burro de carga
bate-boca
ressabiado
onça furibunda
virar uma onça
fome danada

Registro no Tabuleiro do Itinerário

🗝 Sete chaves – Perguntas do enredo

Proposta – Brincar e propor ao grupo algumas escolhas relativas aos cuidados que recebem ou já receberam dos adultos, importantes para o crescimento e desenvolvimento de todos. Não será fácil escolher, porque na verdade todas as alternativas são do agrado das crianças. A ideia é que se percebam cuidados. No final, propor um esconde-esconde como fechamento do trabalho.

Realização – Como era esperado, algumas vezes as crianças escolhiam as duas alternativas de cada questão, mas sempre se divertiam ao escutar o que era proposto. A conversa correu solta, pois, a cada proposta tinham uma história para contar. Quando conversamos sobre os medos mostraram como confiam na proteção dos adultos e contam com ela. O esconde-esconde ficou para o horário seguinte e foi divertido. Eu procurava as crianças e abraçava-as quando eram achadas, mostrando-lhes que eram reconhecidas e vistas por mim!

Investigação/Novas ideias – Mais uma vez constatei a confiança que meus alunos depositam nos adultos e o quanto valorizam o cuidado. O esconde-esconde foi uma ótima ideia e eles gostaram muito de serem achados, reconhecidos em meio a todos. Perceberam-se incluído e reconhecido na própria singularidade. As brincadeiras tradicionais realmente fazem sentido para o desenvolvimento das crianças; exemplos disso são as rodas, as brincadeiras cantadas, o pega-pega e, claro, o esconde-esconde. O som da rua de antigamente mais do que nunca precisa ecoar pela escola. A janela **Ecos da rua** deve assim estar presente no dia a dia das crianças e não só em atividades previamente pensadas.

◉ Olho vivo – Varal de imagens

Proposta – Ler a história para as crianças, que deverão estar deitadas e de olhos fechados. Distribuir o material selecionado: papel kraft, tinta, brochinhas; sortear as duplas por meio dos cartões com os códigos da onça e do bode e ler a parte da narrativa que deverão procurar registrar. Enquanto desenham, reler mais vezes o texto para que se inspirem e soltem os movimentos dos braços e do pincel (as brochinhas).

Realização – A divisão dos cartões não foi totalmente aceita pelo grupo e como alguns desejaram trocar, permiti que negociassem até formar as duplas. Foi importante esse tempo para que percebessem como flexibilizar as regras. Aos poucos foram percebendo a função das tintas e das brochinhas, de deixar os movimentos livres e então subir e descer morros, caminhar, andar, ou seja, deslizar a tinta pela folha de papel kraft que estava apoiada no chão da sala.

Investigação/Novas ideias – Deitar no chão, fechar os olhos, flexibilizar a formação das duplas, imaginar, deslizar a tinta pelo papel são movimentos que refletem liberdade, espontaneidade, criatividade. Numa próxima oportunidade farei um trabalho semelhante, referente à janela **Corpo e alma**, como tive oportunidade de realizar com outra turma: num dia de calor, estenderei um plástico branco e comprido no chão. Colocarei água, tinta no centro e as crianças, sem camisa, escorregarão sobre essa base. Com seus corpos espalharão tinta pelo plástico e de tempos em tempos mudarei a cor de tinta. Mesmo sendo enganada pelo bode, muitos alunos se identificaram com a onça, com a força que ela representa.

Ver pra crer – Atividade experimental

Proposta – Propor que descubram como representar a manhã e o pôr do sol em garrafas de plástico transparente com anilina de confeiteiro, papel laminado de cores diferentes, água, purpurina, botões pequenos coloridos, cola branca e funil. Organizar para que todas possam participar, dando sugestões ou experimentando os materiais.

Realização – No primeiro momento, as crianças ficaram paralisadas, como se perguntassem: "como assim manhã e pôr do sol na garrafa?". Mas não demorou para que começassem a usar o funil e a colocar água dentro dos vasilhames. Concluíram que as tintas fariam a maior diferença: amarelo e laranja para a manhã, com muitos papéis picados, purpurina prateada e botões coloridos. Para o entardecer (em outra garrafa) primeiro escolheram colocar muita tinta vermelha e um pouco de tinta preta. Observaram que a mistura tinha ficado muito escura. Abandonaram-na e iniciaram uma nova: puseram um pouco de anilina azul, tinta vermelha e amarela, papel dourado e vermelho picados, purpurina dourada. Daí sim, ficaram satisfeitos com o "entardecer", criado por eles! Gostaram de virar as garrafas e observar esse conteúdo "dançando" no liquido colorido.

Investigação/Novas ideias – Como saber se tinham conseguido de fato alcançar o objetivo proposto? A ideia foi perguntar aos adultos da escola, organizar a *boca no trombone* e ir a campo. Surgiu também uma proposta de fazerem o mesmo experimento em outras garrafas e levarem para casa. Meus alunos realmente são grandes investigadores! Espontaneamente procuram materiais, misturam e vibram com os resultados alcançados.

Boca no trombone – Pesquisa de toda a sorte

Proposta – Ir a campo com as seis garrafas e perguntar a algumas pessoas da escola se saberiam dizer quais das misturas seriam a manhã e quais o entardecer. Folha de registro na prancheta de cada aluno, dividida em duas colunas, numa um sol desenhado e noutra a lua, em consenso entre as crianças para diferenciar o amanhecer do entardecer.

Realização – Facilmente os adultos acertavam a resposta e as crianças ficavam mais do que felizes em perceber que tinham conseguido atingir o que foi proposto. Convidavam os entrevistados para brincar com as garrafas, mexer de um lado para o outro e observar o líquido colorido com os papéis, purpurina e botões movimentando-se. Todos se divertiram.

Investigação/Novas ideias – Uma pesquisa como essa, em que as crianças se veem reconhecidas em seus feitos, contribui não só para a socialização dos alunos com os adultos como também reforça a autoestima de cada um. Portanto, é muito importante que todos se vejam partícipes, sejam ouvidos e que ninguém deixe de perguntar, de falar em voz alta a sua questão. Se um deles realmente não conseguir, anoto para que numa próxima oportunidade tente novamente.

De cá pra lá, de lá pra cá – Migração de experiências

Proposta – Contar a história para os grupos interessados em saber como um bode conseguiu enganar uma onça maior e mais feroz que ele. Para o convite, fazer uso do texto da história relativo a esse enigma anotado no **Caderno do Iti-**

nerário. O convite será grande e colocado num lugar onde todos possam ver, e o grupo, em procissão, sairá pela escola convidando as pessoas.

Realização – Vinte crianças compareceram ao encontro e dois educadores ajudaram a organizá-las em um grupo grande. Levantamos a questão novamente, alguns tentaram responder, dizendo como tal proeza poderia ter acontecido e só depois narramos a história (eu e as crianças). Elas souberam contar, com a minha intervenção e os ouvintes pareceram motivados, pois fizeram perguntas e sorriam.

Investigação/Novas ideias – O convite foi feito oralmente, como se fosse um circo de antigamente chegando à cidade, foi interessante e eficaz. A plateia chegou animada, querendo saber, afinal, como aquilo era possível, ou seja, um simples bode enfrentar uma onça feroz. As hipóteses levantadas sugeriram outras histórias. Numa próxima vez, usarei instrumentos de percussão para chamar o público e trarei para a escola a animação dos circos e quem sabe organizarei um circo com outros professores.

Corpo e alma – Corporeidade, gesto e postura

Proposta – Sugerir atividades que envolvam força e agilidade física, paralelas a outras que exijam força e agilidade mental. As primeiras serão cabo de guerra, circuitos com desafios relacionados a equilíbrio, saltos a distância e altura e as outras serão adivinhas para que descubram as respostas. Quando for o cabo de guerra o grupo será dividido.

Realização – Como as atividades de agilidade física foram intercaladas pelas adivinhas, as crianças tinham um tempo para descansar, mas mantinham o mesmo vigor a cada vez que buscavam as respostas do "O que é? O que é? Mesmo quando não conseguiram descobrir a resposta, quando essas eram fornecidas, eles vibravam com a obviedade das mesmas. Os circuitos, como sempre, fizeram sucesso.

Investigação/Novas ideias – É muito interessante perceber que mesmo "levando a pior", as crianças se identificam com a onça. No momento do circuito, dos saltos, do cabo de guerra elas referiam-se a força desse animal. Fica claro o valor da experiência sensorial para os pequenos, a aprendizagem decorrente da capacidade de perceber a realidade por essas vias, pela experiência em si. A excitação do grupo pelas adivinhas denota, a meu ver, o vigor das crianças em descobrir e reconhecer o mundo, assunto recorrente da janela **O que é? O que é?**

Mundos e fundos – Material vira linguagem

Proposta – Procurar uma maneira de ambientar uma casa para os alunos. Uma caixa grande ou um tecido que faça as vezes de cortina em uma sala. Promover encontros nessa casa, brincar de mamãe e filhinho, dormir, esconder-se, cozinhar.

Realização – Os alunos usufruíram muito animadamente desse espaço, muitas brincadeiras, esconde-esconde, comidinhas e sonecas fizeram parte do movimento desse grupo. Pensar e realizar um passeio, explorando o lado de fora da casa, saindo pela escola afora e observar detalhes do caminho propiciou muitas novidades (folhinhas, pedaços de madeira, pedrinhas, brinquedos) para serem levadas de volta pra casa!

Investigação/Novas ideias – Fazer um registro coletivo em uma folha grande de papel, onde estarão anotados os nomes dos objetos achados, e, ao lado de cada um, o que foi "visto", como o Manuel, que viu uma roda de carro na tampinha de suco que estava na cozinha, ou a Izabel, que lembrou-se do sítio do seu avô quando pegou uma pedrinha da calçada.

Sopa no mel – Lição de casa

Proposta – Colocar os alunos em contato com as tarefas de casa e do trabalho de seus familiares. Primeiramente pesquisar com os alunos o que sabem, se participam de alguma tarefa e depois enviar esta pequena pesquisa para casa: *Assinale as tarefas que são conhecidas e executadas por vocês: capinar e roçar terreno; cortar plainar e lixar madeira; cobrir telhado.*

Realização – Os alunos me surpreenderam já na conversa inicial, mostrando o quanto observam o movimento familiar. Todos seguiram bastante empolgados com a pesquisa para casa. Pelo retorno de alguns alunos percebi certa inibição nos depoimentos das famílias quanto a suas tarefas, enquanto outros alunos detalhavam animadamente sobre as tarefas de casa ou o trabalho dos pais.

Investigação/Novas ideias – Duas reflexões merecem minha atenção a partir dessa experiência. Primeiro, perseverar o contato com as famílias a partir de assuntos comuns a elas e as crianças. Segundo, lembrar de trazer os pais para dentro da escola, de modo que eles contribuam, seja com um depoimento, uma especialidade, um talento.

Ecos da rua – Brinquedos cantados e falados

Proposta – Brincar de esconde–esconde, identificando dois grupos: um que esconde, outro que acha, um de bode, outro de onça, e depois inverter.

Para brincar de "pega onça", escolher um adulto divertido para fugir das crianças.

Realização – Aproveitei a identificação com as personagens e a animação do esconde-esconde para incentivar a turma de cada animal a procurar, fazendo sons e movimentos dos respectivos animais. Além de correr pelos cantos, eles grunhiam, fazendo sons e gestos.

O grupo foi incansável no "pega onça", mostrando que as crianças venceram a "brava" onça, a merendeira da escola, que, apesar de divertida e disposta, rendeu-se à agilidade do grupo.

Investigação/Novas ideias – Os jogos infantis colocam a criança em movimento de corpo e mente. Ela é capaz, dentro de certas regras e contexto, de organizar sua expressão sem violar seus impulsos em direção a algo além do meramente acessível.

O que é? O que é? – O todo na parte

Proposta – Algumas expressões divertidas da história podem sugerir a criação de códigos correspondentes a elas. Criar com o grupo esse pequeno patrimônio linguístico, comum e exclusivo, em que outras pessoas serão convidadas a descobrir o significado de cada sinal ou código.

Realização – A criação dos códigos foi muito rica, pois os alunos ficavam explorando as possíveis expressões, sejam elas de uma onça brava ou de um burro de carga, movimentando seus corpos, fazendo caretas, sugerindo sinais para os convidados.

Foi surpreendente a organização e cordialidade do grupo para receber os convidados que foram descobrir a tradução de cada código.

Investigação/Novas ideias – Permitir a expressão da criança no processo de elaboração e descoberta de um caminho de comunicação de suas conquistas é vital para o seu desenvolvimento. O meu papel na criação e elaboração dos códigos foi de contextualizar suas manifestações físicas e emocionais obtendo dessa comunicação o que poderia ser representado graficamente.

Terceiro andar – As três dimensões das expressões plásticas

Proposta – Com materiais simples como pedacinhos de madeira, durex, folhas, cola, pedaços de papéis, jornais, acatar as boas ideias das crianças e também aquelas presentes na história, ampliando o uso de objetos corriqueiros. Pode ser uma casa como a do bode e da onça ou algo que as crianças facilmente possam projetar.

Realização – Quando os materiais foram dispostos na mesa e a palavra construção foi dita, "pronto", uns queriam avião, outros barcos, outros carrinhos. Aproveitei a variedade de ideias e propus uma votação, desenhei os objetos escolhidos e chegamos a um consenso. Um avião, um barco à vela e um carrinho de puxar foram construídos pelo grupo!

Investigação/Novas ideias – As crianças poderem ver seus projetos, mesmo antes de se iniciarem, é verdadeiramente um voto à capacidade criativa e visionária tão marcante na educação infantil. O modo como elas irão corresponder materialmente à imagem formada internamente depende mesmo da idade do grupo. Os maiores de 5 anos, como é o caso do meu grupo, buscaram uma correspondência do barco imaginado com o barco construído, mas se fosse um grupo de idade menor, não haveria tanto interesse na execução, mas predominantemente na manipulação lúdica do material, como se este por si já fosse um barco.

Bom de bico – Palavra falada

Proposta – A seleção de expressões populares extraídas do texto da história será lida em alto e bom tom, provocando a imaginação e a identidade dos alunos em relação a palavras tão vigorosas e ativas na linguagem do cotidiano. Na conversa cotidiana com o grupo vou incorporar essas e outras expressões para que possamos pesquisar e lembrar.

Realização – Conforme as crianças ouviam as expressões, elas iam se animando, querendo falar que conheciam ou repetiam, rindo, algumas delas: "burro de carga!", "tenho uma tia brava que nem uma onça!"

Deixei cada aluno repetir uma ou duas de que mais tinham gostado, incentivando a expressão sonora e corporal no momento da fala.

Investigação/Novas ideias – Os alunos se empolgaram tanto com essas expressões, que pensei em outras duas janelas:

Sopa no mel – pesquisa de outras expressões com os familiares.

O que é? O que é? – para cada expressão recolhida da história ou outras pesquisadas e lembradas, desenhar um código para ser reconhecido na rotina escolar das crianças.

	TERCEIRO ANDAR As três dimensões das expressões plásticas	O QUE É? O QUE É? O todo na parte	SETE CHAVES Pergunta do enredo	DE LÁ PRA CÁ DE CÁ PRA LÁ Migração de experiências	ECOS DA RUA Brinquedos falados e cantados	Co ges
PROPOSTA O que vou fazer	Com materiais simples como pedacinhos de madeira, durex, folhas, cola, pedaços de papéis, jornais, acatar as boas ideias das crianças e também aquelas presentes na história, ampliando o uso de objetos corriqueiros...	Algumas expressões divertidas da história podem sugerir a criação de códigos correspondentes a elas. Criar com o grupo esse pequeno patrimônio linguístico, comum e exclusivo, em que outras pessoas serão convidadas a descobrir...	Brincar e propor ao grupo algumas escolhas relativas aos cuidados que recebem ou já receberam dos adultos, importantes para o crescimento e desenvolvimento de todos. Não será fácil escolher, porque na verdade todas as alternativas são do...	Contar a história para os grupos interessados em saber como um bode conseguiu enganar uma onça maior e mais feroz que ele. Para o convite, fazer uso do texto da história relativo a esse enigma anotado no Caderno do Itinerário...	Brincar de esconde-esconde, identificando dois grupos: um que esconde, outro que acha, um de bode, outro de onça, e depois inverter. Para brincar de "pega onça", escolher um adulto divertido para fugir das crianças.	Sugeri envolv física, que ex agilida primei guerra desafi equilíb distân
REALIZAÇÃO O que foi feito	Quando os materiais foram dispostos na mesa e a palavra construção foi dita, "pronto", uns queriam avião, outros barcos, outros carrinhos. Aproveitei a variedade de ideias e propus uma votação, desenhei os objetos escolhidos e...	A criação dos códigos foi muito rica, pois eles ficavam explorando as possíveis expressões, seja de uma onça brava ou de um burro de carga, movimentando seus corpos, fazendo caretas, sugerindo sinais para eles. Foi surpreendente a...	Como era esperado, algumas vezes as crianças escolhiam as duas alternativas de cada questão, mas sempre se divertiam ao escutar o que era proposto. A conversa correu solta, pois, a cada proposta tinham uma história para contar...	Vinte crianças compareceram ao encontro e dois educadores ajudaram a organizá-las em um grupo grande. Levantamos a questão novamente, alguns tentaram responder, dizendo como tal proeza poderia ter acontecido e...	Aproveitei a identificação com as personagens e a animação do esconde-esconde para incentivar a turma de cada animal a procurar, fazendo sons e movimentos dos respectivos animais. Além de correr pelos cantos, eles grunhiam, fazendo...	Como agilida interca advinh tinham descab o mes que h respos que é
INVESTIGAÇÃO/ NOVAS IDEIAS	As crianças poderem ver seus projetos, mesmo antes de se iniciarem, é verdadeiramente um voto à capacidade criativa e visionária tão marcante na educação infantil. O modo como elas irão corresponder...	Permitir a expressão da criança no processo de elaboração e descoberta de um caminho de comunicação de suas conquistas é vital para o seu desenvolvimento. O meu papel na criação e elaboração dos códigos foi de contextualizar suas...	Mais uma vez constatei a confiança que meus alunos depositam nos adultos e o quanto valorizam o cuidado. O esconde-esconde foi uma ótima ideia e eles gostaram muito de serem achados, reconhecidos em meio a todos...	O convite foi feito oralmente, como se fosse um circo de antigamente chegando à cidade, foi interessante e eficaz. A plateia chegou animada, querendo saber, afinal, como aquilo era possível, ou seja, um simples bode enfrentar uma onça...	Os jogos infantis colocam a criança em movimento de corpo e mente. Ela é capaz, dentro de certas regras e contexto, de organizar sua expressão sem violar seus impulsos em direção a algo além do meramente acessível.	É mu perceb "levar crianç com ai do cir cabo e referia animal da exp

O Bode e a onça 153

MUNDOS E FUNDOS	OLHO VIVO	VER PARA CRER	BOM DE BICO	BOCA NO TROMBONE	SOPA NO MEL
Material vira linguagem	Varal de imagens	Atividade experimental	Palavra falada	Pesquisa de toda sorte	Lição de casa
...rar uma maneira de ...entar uma casa para ...nos. Uma caixa ...le ou um tecido que ...s vezes de cortina ...ma sala. Promover ...ntros nessa casa, ...ar de mamãe e ...ho, dormir, ...nder-se, cozinhar.	Ler a história para as crianças, que deverão estar deitadas e de olhos fechados. Distribuir o material selecionado: papel kraft, tinta, brochinhas; sortear as duplas por meio dos cartões com os códigos da onça e do bode e ler...	Propor que descubram como representar a manhã e o pôr do sol em garrafas de plástico transparente com anilina de confeiteiro, papel laminado de cores diferentes, água, purpurina, botões pequenos coloridos, cola branca e funil. Organizar...	A seleção de expressões populares extraídas do texto da história será lida em alto e bom tom, provocando a imaginação e a identidade dos alunos em relação a palavras tão vigorosas e ativas na linguagem do cotidiano. Na conversa cotidiana...	Ir a campo com as seis garrafas e perguntar a algumas pessoas da escola se saberiam dizer quais das misturas seriam a manhã e quais o entardecer. Folha de registro na prancheta de cada aluno, dividida em duas colunas, numa...	Colocar os alunos em contato com as tarefas de casa e do trabalho de seus familiares. Primeiramente pesquisar com os alunos o que sabem, se participam de alguma tarefa e depois enviar esta pequena pesquisa para casa...
...nos usufruíram ...animadamente ...espaço, muitas ...deiras, ...de-esconde, ...inhas e sonecas ...n parte do ...mento desse grupo. ...r e realizar um ...o, explorando...	A divisão dos cartões não foi totalmente aceita pelo grupo e como alguns desejaram trocar, permiti que negociassem até formar as duplas. Foi importante esse tempo para que percebessem como flexibilizar as regras. Aos poucos foram...	No primeiro momento, as crianças ficaram paralisadas, como se perguntassem: "como assim manhã e pôr do sol na garrafa?". Mas não demorou para que começassem a usar o funil e a colocar água dentro dos vasilhames...	Conforme as crianças ouviam as expressões elas iam se animando, querendo falar que conheciam ou repetiam, rindo, algumas delas: "burro de carga!", "tenho uma tia brava que nem uma onça!"	Facilmente os adultos acertavam a resposta e as crianças ficavam mais do que felizes em perceber que tinham conseguido atingir o que foi proposto. Convidavam os entrevistados para brincar com as garrafas, mexer de um lado...	Os alunos me surpreenderam já na conversa inicial, mostrando o quanto observam o movimento familiar. Todos seguiram bastante empolgados com a pesquisa para famílias quanto a suas tarefas, enquanto...
...um registro coletivo ...ma folha grande de ..., onde estarão ...dos os nomes dos ...s achados, e, ao ...e cada um, o que ...sto", como o ...el, que viu uma ...de carro na ...nha de suco que...	Deitar no chão, fechar os olhos, flexibilizar a formação das duplas, imaginar, deslizar a tinta pelo papel são movimentos que refletem liberdade, espontaneidade, criatividade. Numa próxima oportunidade farei um trabalho...	Como saber se tinham conseguido de fato alcançar o objetivo proposto? A ideia foi perguntar aos adultos da escola, organizar a boca no trombone e ir a campo. Surgiu também uma proposta de fazerem o mesmo experimento em	Os alunos se empolgaram tanto com essas expressões, que pensei em outras duas janelas: Sopa no mel – pesquisa de outras expressões com os familiares. O que é? O que é? – para cada expressão recolhida da história ou outras...	Uma pesquisa como essa, em que as crianças se veem reconhecidas em seus feitos, contribui não só para a socialização dos alunos com os adultos como também reforça a autoestima de cada um. Portanto, é muito importante que todos se	Duas reflexões merecem minha atenção a partir dessa experiência. Primeiro, perseverar o contato com as famílias a partir de assuntos comuns a elas e as crianças. Segundo, lembrar de trazer os pais para dentro da escola, de modo que

XI - REVISTA DO ITINERÁRIO

Cultura e identidade

É urgente a inclusão efetiva do humano no âmbito educacional, o que significa o reconhecimento e a valorização da diversidade inerente aos grupos sociais, de forma a assegurar a participação especial de cada indivíduo no seio dessa coletividade, que só será reconhecida e formará sua identidade cultural se a voz de seus ocupantes ecoar por todos os cantos e expandir-se para os espaços de fora.

De um lado, a educação voltada para a formação do indivíduo, e do outro, a cultura como expressão do fazer humano. A primeira abarca desenvolvimento, aprendizagem, a segunda, criatividade, produção. Na intersecção das duas ocorre a atuação do educador, cuja responsabilidade máxima é de procurar conhecer seu aluno, levá-lo a desenvolver o sentimento de pertencimento ao domínio de relações em que vive.

As fronteiras entre as noções de cultura e educação obviamente, são pouco claras. Como sabemos, não é possível pensar em cultura sem algum tipo de aprendizado. Portanto, é necessário introduzir os que nascem, os recém-chegados ao mundo, à cultura de seus pais e de seu país. Nos primeiros anos de vida, a criança, mesmo não dominando a linguagem escrita, tem condições de ler o vento, a terra, o céu, o olhar, o silêncio, o comportamento; desde o início de sua vida ela tem condições de adquirir uma alfabetização cultural, de começar a interpretar o mundo, de fazer uso de seu potencial humano, de compartilhar, de realizar trocas. Para tanto, é necessário que esteja acordada e faça uso de sua inteligência e linguagens expressivas.

A escola pode e deve se constituir num terreno fértil, adubado pela cultura popular, um espaço disponibilizado aos cidadãos de toda e qualquer sociedade. Diferente do espaço que marginaliza as linguagens expressivas, aquelas potencialmente presentes em toda sorte de conhecimento, mas muitas vezes, ausentes das disciplinas escolares. A cultura popular, em suas diferentes formas de expressão, revela que a compreensão de qualquer conteúdo experimentado por uma pessoa resulta de uma linguagem articulada, que estimula o diálogo interno, a sensibilização e a identificação, necessárias para que o indivíduo alinhe-se a novas relações sociais.

A escola é um lugar destinado à alfabetização cultural de seus alunos, educadores e funcionários. A cultura popular, quando presente em sala de aula, ajuda o professor a refletir sobre esse aspecto, na medida em que realiza seu trabalho com o conteúdo dessa cultura, expresso em versos, músicas, brincadeiras cantadas, contos, expressões e ditados populares.

Trovinhas populares e adivinhas – A Educação Infantil e suas palavras vivas

As adaptações das trovinhas populares e das adivinhas são de Ricardo Azevedo

Fui pro mar colher laranja
Fruto que no mar não tem
Saí de lá todo molhado
Das ondas que vão e vêm.

Acuda tatu acuda
Acuda senão eu morro
Venho todo machucado
Das dentadas do cachorro

A pulga me deu um tapa
O piolho um bofetão
Depois foram espalhar
Que me botaram no chão

Fui à feira comprar uva
Encontrei uma coruja
Eu pisei no rabo dela
Me xingou de cara suja

TROVINHAS
ADIVINHAS

O que é? O que é?
É um perfume andarilho
Anda a pé, mas ninguém vê
Quando entra no nariz
Faz todo mundo sofrer?
Resposta: Chulé

O que é? O que é?
Deita na cama com a gente
Às vezes tapa o nariz
Às vezes dói na cabeça
Gosta de frio, mas não diz?
Resposta: Resfriado

O que é? O que é?
Corre atrás do tempo
Mesmo preso sabe andar
Vive parado e se mexe
Não dorme e sabe acordar?
Resposta: Relógio

O que é? O que é?
Presa dentro de uma casa
Lá no céu vive encostada
Quer chova, quer faça sol
Leva a vida bem molhada
Resposta: Língua

Trovinhas ou Quadrinhas Populares

As quadrinhas populares são do agrado das crianças pequenas, representam um material rico quando se trata de despertar a expressão, ritmo e alegria dos alunos, que costumam aproveitar a originalidade desses textos, muitas vezes fantásticos, inverossímeis ao raciocínio lógico, mas altamente significativos à percepção estética de competências ligadas às linguagens artísticas e tão próximas da lógica infantil relativa a apropriação da realidade. Versos, rimas e musicalidade são elementos que respondem e alimentam o pensamento e imaginação das crianças da educação infantil.

A presença das trovinhas populares em sala de aula ajuda a aperfeiçoar a dicção e a aumentar a confiança dos alunos em relação à palavra falada. Elas, ainda, promovem o aumento do vocabulário dos mesmos e a capacidade de perceber e fazer rimas. Concluindo, são valiosas para o desenvolvimento e aperfeiçoamento da linguagem oral!

As crianças têm facilidade para memorizar versos, é necessário aproveitar esse recurso e reforçá-lo. Portanto, ao professor cabe levantar um repertório de quadrinhas populares e propor maneiras diferentes para conduzir esse trabalho que demandará a expressão oral do grupo. O professor poderá: montar um jogral; formar pequenos grupos, de três crianças e uma de cada vez recita um verso da trovinha e no último verso todas declamam ao mesmo tempo. Também ficaria bom repetir os versos dois a dois.

Outra possibilidade é explorar as cantigas de roda tradicionais, por possuírem ótimas melodias para se trovar os versos das quadrinhas populares, auxiliando a variar o repertório cancioneiro com graça e novidades presentes na poética de versos populares.

A melodia, o ritmo das cantigas tradicionais como *A canoa virou, Pirulito que bate , bate, Atirei o pau no gato, Terezinha de Jesus, O cravo brigou com a rosa*, são alguns exemplos possíveis para cantar as trovinhas que seguem. Basta testar, por exemplo, uma das trovinhas sugeridas ao ritmo da *"Canoa Virou"*. Depois pode ser testada a mesma trovinha escolhida em um ritmo bem diferente como o da canção *"Pirulito que bate, bate".*

Fui pro mar colher laranja
Fruto que no mar não tem
Saí de lá todo molhado
Das ondas que vão e vêm.

Acuda tatu acuda
Acuda senão eu morro
Venho todo machucado
Das dentadas do cachorro

A pulga me deu um tapa
O piolho um bofetão
Depois foram espalhar
Que me botaram no chão

Fui à feira comprar uva
Encontrei uma coruja
Eu pisei no rabo dela
Me xingou de cara suja

Quando o grupo conquista um repertório formado por trovinhas, deve se aproveitar para programar apresentações dirigidas a outros grupos. O professor combina com os alunos como organizá-las. No final das apresentações convida os demais para novo encontro de trovas e periodicamente podem repetir o evento.

As adivinhas

As adivinhas representam para a criança um jogo de esconde-esconde: descrevem e ocultam alguma coisa ao mesmo tempo. Num curto período, as adivinhas provocam a imaginação e propõem a busca daquilo que já é conhecido sobre o mundo. Quando alguém é desafiado por uma adivinha, sua mente roda, percorre espaços, informações, impressões e lembranças, a fim de descobrir a resposta correta. As adivinhas são exemplos de que as aparências enganam, para acertá-las, há de se procurar outros percursos menos evidentes, frequentemente mais simples e intrigantes. Elas lembram ao educador de que as evidências podem, muitas vezes, indicar formas de pensar equivocadas. Sua presença no currículo, além de servir aos alunos, contribui com as reflexões do professor, levando-o a desconfiar de padrões estabelecidos.

As adivinhas agradam às crianças e aos adultos. Sempre que forem apresentadas devem ser ditas em alto e bom tom. É importante que o professor, ao apresentá-las, espere pela resposta das crianças, mesmo que estejam fora da rota, pois a conversa sobre o "erro" é muito valiosa. É importante demonstrar o porquê da resposta não ser aceita; muitas vezes, pensa-se em possibilidades que estão de acordo com uma ou duas afirmativas da adivinha, mas não com todas. Quando isso acontece, as crianças concluem que está tudo certo, hora de destrinchar as afirmativas e ampliar a conversa por meios da participação efetiva do grupo. Para os alunos construírem adivinhas, a flexibilidade é indispensável, isto é, não é necessário que as mesmas tenham somente uma resposta. Frequentemente as crianças pensam em alternativas que podem levar a mais de um ponto de chegada. É preciso considerar que conseguiram formular uma pergunta, uma investigação, um pensamento invariavelmente curioso, no verdadeiro sentido do "O que é? O que é?".

O espaço da sala de aula

O professor pode ampliar o espaço da sala de aula sem que seja necessário chamar arquitetos, engenheiro, mestre de obra, pedreiro. Basta defini-lo segundo o que deve ser uma área em que as pessoas aprendem, desenvolvem-se, vivem.

A sala de aula é um espaço gerado pelo movimento. É um espaço físico, subjetivo, individual e coletivo. Portanto, é qualquer área que possa ser preenchida, delimitada e relacionada à atividade que vá ser desenvolvida. Além da sala destinada ao grupo, o professor deve percorrer outros ambientes: um corredor, a quadra, o chão debaixo de uma mangueira, de um abacateiro, a calçada, a praça, a sala de outro grupo, o portão de entrada, a cozinha, a biblioteca, quem sabe um laboratório, um ateliê, a casa de um aluno, os museus, teatros, galerias, cinema etc.

Se o professor gerar espaços através do movimento, ao relacionar o espaço a sua proposta, a sala que lhe foi destinada também se amplia em função do seu olhar abrangente. É possível empilhar, arrastar cadeiras e mesas; as crianças deitarem no chão; as cadeiras virarem mesas; papéis serem pregados nas paredes; móbiles no teto. Nas portas colocar cortinas, decoradas pelas crianças, etc.

Na medida em que o professor transforma os espaços, ele amplia o olhar, sua visão de mundo, a ótica sobre as pessoas, aprende a olhar.

O que significa estar em sala de aula?

Significa uma possibilidade de sentir e redescobrir o mundo, onde tempo e espaço coabitem. Como diz Jorge Larossa: *neste lugar é oportuno o exercício da espera, ou seja, suportar as pausas, o tempo estendido: olhar mais escutar, demorar-se nos detalhes. Suspender juízos, opiniões e o automatismo da ação. Cultivar a atenção e a delicadeza.*

Na sala de aula pode-se e deve-se experimentar o erro, a flexibilidade, o lugar do outro, sem o medo de se perder, mas admitindo o desequilíbrio, o risco para conquistar os próprios objetivos.

Jogo da amarelinha X Itinerário Pedagógico – Uma conversa

A Amarelinha, por se tratar de uma brincadeira, significa viver no presente e conquistar um domínio de ações.
O Itinerário Pedagógico pretende instrumentalizar o professor para organizar suas atividades, levando em conta as experiências dos alunos e o fazer.

A Amarelinha propõe movimentos dentro de uma textura que representa um mundo: espaço delineado, de expansão do corpo.
O Itinerário Pedagógico parte do princípio que todo espaço tem relação com as atividades e suas respectivas janelas.

A Amarelinha tem como proposta saltar de casa em casa, estabelece ritmo, espaços e linhas. Ao lançar a pedrinha, o jogo começa, a criança desenha linhas imaginárias e tempos que se mostram como verdadeiras abstrações.
O Itinerário Pedagógico considera que o trabalho do educador segue uma dinâmica semelhante. Quando ele observa e estuda o Itinerário, percebe o andamento de seu grupo e faz os ajustes necessários, procurando construir espaços de ações em seu trabalho.

A Amarelinha e o Itinerário podem ser desenhados ou somente imaginados. Para compreender isso, basta observar a criança caminhando ritmicamente por uma superfície, indo de um canto a outro, formando quadrados ou rodopiando de braços abertos até cair no chão.

Fabuloso Zofir

Rio de Contas foi a última das quatro cidades em que rodamos um filme no final do ano passado. As equipes de produção que estavam preparando o terreno, indo e voltando para lá, chegavam sempre com a mesma história. "Você precisa ver, há um cara fabuloso em Rio de Contas, um tal de Zofir, um artista plástico que já fazia umas instalações inacreditáveis no início dos anos 60".

Inútil dizer que, depois dessa sentença, fizemos fila para conhecer o interessantíssimo museu de Zofir, tão logo chegamos a Rio de Contas. Instalado na casa onde ele morou, numa das praças da cidade e ao lado de um pequeno teatro do século 18, o museu reúne um acervo de peças realmente surpreendentes. São quase sempre grandes instalações, objetos feitos de dezenas de outros objetos descartáveis. As peças, lúdicas e interativas, são feitas para dialogar com o espectador. Feitas, também, para diverti-lo.

Negro, nascido em uma família carente de Ituaçu, Bahia, em 1926, Zofir Oliveira criou uma obra de um humor cáustico com as sobras dos objetos que encontrava. Acima de uma mesa de madeira, um corpo se articula por meio de peças móveis, feitas de molas e metal. Sobre a cabeça está fixada uma bandeja retangular, contendo dezenas de objetos fixados de forma aleatória, partes móveis de um cérebro desconexo. É uma mistura de parafusos, santos, carimbos e botões que anuncia uma confusão mental sem igual. Suas filhas, Is e Zonita, explicam-me que o pai era autodidata. Publicou seu primeiro livro de poemas, "Cartas de um Matuto ao Outro", em 1960, quando trabalhava no IBGE. Rebatizou-se Zofir Brasil. E passou a vida prolongando a vida dos objetos que outras pessoas jogavam fora. "Com Zofir, a sentença de morte dirigida a esses objetos por seus antigos usuários ficava suspensa por mais algum tempo", afirmou Is. O que mais nos surpreendeu foi o fato de que, em um cantinho do Brasil, alguém recriava o todo a partir do nada. Silenciosamente. E não conseguíamos parar de pensar nos outros Zofir que, através do país, talvez estivessem fazendo a mesma coisa. A alguns passos de onde estávamos, Zofir, brasileiro e autodidata, reinventou o mundo munido apenas da sua imaginação.

Walter Salles cineasta - Trechos do artigo "Fabuloso Zofir" para FSP

O olho vivo de Elifas Andreato

Elifas Andreato é um artista gráfico que molhou os olhos de muito apreciadores da MPB, ao ilustrar capas contagiantes dos músicos brasileiros. As capas dos discos, que poderiam ser meros encartes, foram transformadas pelo olho vivo do artista em um varal de imagens que quem conheceu não esquece. Esse é um exemplo da cultura educando por meio de experiências e na sensibilidade, o olhar de seu cidadão. Confira os comentários de Tarik de Souza sobre uma de suas exposições dessas capas de discos, um verdadeiro *varal de imagens* de artistas como Clementina de Jesus, Adoniran Barbosa, Paulinho da Viola, Elis Regina, Chico Buarque etc:

Considerado o responsável por mudar as capas de discos no Brasil, que antes eram simplesmente embalagens até discrepantes de seu conteúdo – com as habituais exceções que sempre confirmam as regras – a capa de discos ganhou vida e emoção nas mãos operárias desse filho de lavrador. Aliás, só um artista que veio do povo como ele poderia ter trazido para este acessório típico da era industrial o que até então lhe faltava: a emoção. Elifas não tem falsos pudores. Suas capas levam o riso e a lágrima sem esconder sentimentos e é possível analisar e sentir os discos antes, durante e depois da audição apenas contemplando ou mesmo apalpando os trabalhos. A capa e o encarte, os cartazes e, mais adiante, a própria produção e até algumas canções dão o testemunho de um artista que se envolve por inteiro com a expressão do outro, um olhar compromissado com a humanidade.

Elifas Andreato entre outras coisas, é o criador do Almanaque Brasil de Cultura Popular.

O primeiro gesto da criança pelas palavras "selvagens"

"É um tal de poc,
popoc, poc, poc,
popoc, poc, poc
popoc, poc, poc"

Jacqueline Held esclarece de forma instigante o primeiro gesto da criança pelas palavras, nomeadas por ela de *"palavras selvagens"*. Trata-se dos refrões de brincadeiras, de sonoridades e ritmos. As investigações dessa autora, no que diz respeito a descobertas e à valorização da sonoridade das palavras pelas crianças, estão muito próximas da proposta do Itinerário Pedagógico, sobretudo no que se refere à janela **Bom de bico - Palavra falada**.

Segundo essa autora, o primeiro gesto da criança pela palavra encontra sua fonte nas mesmas condições e forma em que a linguagem se modela e se constitui no bebê.

A criança pequena, ao entrar em contato com a linguagem dos adultos, descobre os sons, e pouco a pouco, se apropria dos tons, das toadas e fonemas, indo dos mais simples aos mais complexos. Essas primeiras experiências sonoras dos pequenos são concebidas como todas as outras atividades, ou seja, representam num só tempo, aprendizagem, exercícios, e brincadeiras.

Diz Jackeline Held: *É como se o bebê saboreasse as sílabas e mais tarde as palavras, repetindo-as incansavelmente.* Para um educador atento, é facilmente observável que há, nessa ação ou gesto, um grande prazer sonoro, ou mesmo sensorial. Os sons, nessa etapa do desenvolvimento, já começam adquirir significação, e a linguagem a sua função social.

É importante salientar que tal capacidade do ser humano, nos primeiros anos de vida, está associada a prazer e oralidade, ainda desvinculada da ideia de comunicação, que acaba se estabelecendo por ocasião da escrita. Tal possibilidade dá origem às brincadeiras com as palavras, às rimas, aos poemas ou textos curtos.

Dessa maneira, é possível perceber que a cultura popular começa a fazer sentido aos alunos da educação infantil desde muito cedo, por estar repleta dos mesmos conteúdos melodiosos e brincantes. Tanto na sonorização das crianças pequenas como na cultura popular pode-se observar um "tipo de jogo verbal, cujo encanto sempre nasce precisamente do absurdo, do "nonsense", do imprevisto, do inesperado. A palavra dessa espécie de jogo é totalmente imaginada ou não, mas sempre retomada e recriada, a ponto de fomentar o aparecimento de novas e instigantes possibilidades.

"Corre cutia de noite de dia
Debaixo da cama da sua tia
Comendo pedaço de melancia
Pintinho piou, piu, piu
O galo cantou corococó
Lencinho branco caiu no chão
Quem roubou foi o ladrão
Menina bonita do meu coração
Titica de galinha, coco de leitão
Tan! Tan!"

Jacqueline Held é professora de psicologia, poetisa, ensaísta e escritora. É autora de três romances para adolescentes e de uns vinte livros para crianças.

O tempo do brinquedo
Tempo para educar

Algumas reflexões se fazem urgentes para resgatarmos a memória adormecida no educador. O curso com Lydia Hortélio – Musicista e pesquisadora do ensino de música da cultura brasileira – acelerou em nossas consciências o desejo de ver realizado um trabalho de retomada da infância em seus fundamentos, em sua origem, em suas rodas, em sua musicalidade. Aquisição de conhecimento, organização, disciplina, limites e todo o repertório exigido pelas escolas e pelas famílias dos nossos "meninos" são pontos naturalmente conquistados no autêntico brincar infantil, na sua cultura e na sua linguagem cadenciada pelas letras e ritmos do imaginário brasileiro, que vem atravessando gerações, mas infelizmente se dispersando do seu solo mais receptivo e fértil, a mente infantil. Uma mente fadada a adquirir mais e mais habilidades totalmente alheias ao seu desenvolvimento, habilidades atadas aos resultados da suposta eficiência de um mundo carente de criação e inteligência e cada vez menos organizado, com menos disciplina e menos limites (que é onde os pais e educadores invariavelmente se perdem ...).

Nas brincadeiras trazidas por Lydia, a repetição de um gesto se alterna com o inesperado de cada participante ali presente. O impulso convive sabiamente com o senso de segurança, fatores vitais do crescimento de qualquer ser humano. Encontramos nessas brincadeiras a chance de nos apoiarmos num grupo e nos destacarmos como indivíduos. Sempre há um refrão alternado com uma intervenção individual: a identidade com o outro e o reconhecimento de si.

Podemos nos perguntar *existe alguma alternativa para a criança encontrar a si mesma, a não ser pelo espelho do outro?*

O Estúdio Eldorado organizou um trabalho musical em que veiculou algumas joias da cultura brasileira, lembrando aos meninos de hoje a infância de sempre. Registramos a seguir alguns depoimentos dos elaboradores desse trabalho.

Vasculhei a obra de grandes poetas modernos brasileiros em busca de textos que reinventassem o mágico e o lúdico da cultura infantil. De uma ampla pesquisa resultaram 16 poemas, e com estes imaginei um trabalho que, sendo também um disco para criança, fosse principalmente um disco sobre criança. É uma reflexão sobre o mundo de alegria e poesia que está errante no inconsciente do sombrio homem de nossos tempos.

Antonio Madureira

> Este trabalho traz os sons das ruas brasileiras de antigamente para dentro das nossas casas. Aos outros produtores, queremos dizer que não estamos propondo exercícios de saudosismo, nem aventuras culturais. Há mercados, senhores, se esta é vossa dúvida. Nada contra os balões mágicos. Mas os balões passam, tangidos pelos ventos da moda. O que é verdadeiro sempre fica.
>
> Aluízio Falcão

O que o Itinerário pode oferecer ao professor

Seguem as ofertas deste instrumento, referentes ao trabalho do professor com a cultura popular em sala de aula:

. Aproximação da vontade de conhecer e compreender a vida, expressa na curiosidade natural de todos;
. Descoberta e ou contato com as qualidades humanas que levam os sujeitos a buscar o conhecimento e a destrinchar o desconhecido;
. Atualização e promoção de experiências significativas;
. Uso das diversas formas de percepção, expressão e linguagens;
. Contato com a vida imaginativa;
. Promoção e atualização da cultura popular em sala de aula;
. Uso e ampliação da linguagem oral;
. Exercício da capacidade de levantar questões;
. Realização de trabalhos de análise e síntese;
. Encontros com lugares cenários, paisagens, objetos e pessoas, que potencializam a aprendizagem de aluno e professor.
. Aproveitamento pelo professor do dinamismo dos alunos, que são capazes, assim como ele, de sonhar e de ensar "cientificamente", como fazem os cientis-

tas, que primeiro imaginam suas produções e depois objetivam e efetivam seus trabalhos.

Ocorrências do Itinerário

. A atividade como um todo tem mais de uma etapa e cada uma delas pode corresponder a uma área diferente. Por exemplo, João e Maria e o Pequeno Polegar são protagonistas de histórias que estão sendo trabalhadas respectivamente em dois grupos diferentes. Os professores planejam um encontro entre os grupos para que os personagens se apresentem, preenchendo naturalmente a área do Itinerário **De cá pra lá, de lá pra cá - Migração de experiências**. Para o encontro, pensam em uma brincadeira de pátio, Corre Cotia, lugar natural de integração das crianças de faixas etárias diversas, contemplando a área do Itinerário, **Ecos da rua - Brinquedos falados e cantados**. Ao introduzirem os personagens no evento fazem a adaptação dos versos da brincadeira Corre Cotia às características desses personagens. Cantam corre Maria atrás do João, lencinho na mão caiu no chão e caracterizando uma ação típica da área **Bom de bico - Palavra falada**.
. A atividade pode contemplar realmente mais de uma área do Itinerário, mas o seu objetivo - a origem da ideia transformada em proposta – está claramente voltada para uma delas. Segue um exemplo: o professor e o seu grupo contemplam as nuvens do céu, observando formas que sugerem pessoas, animais, preenchendo o exercício indicado na área **Olho vivo - Varal de imagens**. Para a realização dessa proposta é necessário as crianças estarem deitadas, de forma confortável e relaxadas, para tornar mais rica a observação. No entanto, o foco não migra para a área

Corpo e alma – Corporeidade, gesto e postura, mas se mantém fiel à área **Olho vivo**, que é a possibilidade de contemplação e observação do seu entorno.

. As novas ideias, além de se referirem às descobertas durante a realização das propostas, poderão remeter a áreas diferentes, garantindo os próximos passos do trabalho;

. O registro vertical de cada área deve ser sempre verificado! Na primeira divisão (proposta), o que foi pensado como atividade, forma e conteúdo; na segunda (realização) somente como esses mesmos elementos foram atualizados. Esse espaço (realização) é muito importante de ser observado, pois, depende da investigação do professor para prosseguir em seu trabalho: avaliação da motivação dos alunos; grau de desempenho; participação individual; levantamento dos pontos positivos e negativos; aparecimento de novas idéias.

. A área **O que é? O que é? – O todo na parte**, à primeira vista parece ser uma área mais difícil de ser identificada nas possíveis ações dos professores ou alunos. O quebra-cabeça e as adivinhas podem ficar como emblemáticos dessa área.

. A área **Sopa no mel – Lição de casa** contempla, além das atividades que dizem respeito àquilo que é compartilhado com a família, amigos ou vizinhos, propostas ligadas ao espaço familiar, como por exemplo, um pedido ao aluno: desenhe ou faça uma planta do seu lugar preferido em casa;

. Os registros das pesquisas para a área **Boca no trombone – Pesquisa de toda sorte**, pode ser individuais. Os alunos saem pelo espaço da escola ou por algum estabelecimento fora dela em busca de informações.

XII- REFERÊNCIAS BIBLIOGRÁFICAS E DISCOGRÁFICAS

Referências Bibliográficas:

.ABRAMOVICH, Fanny (org.). *Meu Professor Inesquecível*. São Paulo, Gente, 1997.
.AZEVEDO, Ricardo. *O Livro dos Sentidos*. São Paulo, Ática, 1ª edição, 2006.
._____. *Armazém do Folclore*. São Paulo, Ática, 2000.
._____. *No Meio da Noite Escura tem um Pé Maravilha – Contos Folclóricos de Amor e Aventura*. São Paulo, Ática, 1ª edição, 2007.
.BARON, Dan. *Alfabetização Cultural. A Luta íntima por uma nova Humanidade*. São Paulo, Alfarrabio, 2004.
.BERTAZZO, Ivaldo. *Espaço e Corpo – Guia de Reeducação do Movimento*. São Paulo, SESCSP, 2007.
.CASCUDO, Luís da Câmara. *Locuções Tradicionais no Brasil*. São Paulo, Global, 2004.
._____. *Dicionário do Folclore Brasileiro*. São Paulo, Melhoramentos, 5ª edição, 1980.
.CYRULNIK, Boris. *Os Alimentos Afetivos e o Amor que nos Cura*. Martins Fontes, 2007.
._____ . *De Corpo e Alma. A Conquista do Bem Estar*. Martins Fontes, 2009.
. DERDYK, Edith. *Formas de Pensar o Desenho, Desenvolvimento do Grafismo Infantil*. São Paulo, 1989.FO
.GALEANO, Eduardo. *O Livro dos Abraços*. Porto Alegre, L&PM Editores, 7ª edição, 2000.
.GARDNER, Howard. *A Criança Pré-Escolar: como pensa e como a Escola pode ensiná-la*. Porto Alegre, Artes Médicas, 1991.
.HELD, Jacqueline. *As Crianças e a Literatura Fantástica*. Summus Editorial, 1980.
.HOLM, Anna Marie. *Fazer e Pensar Arte*. Museu de Arte Moderna de São Paulo, 2005.

.HORTÉLIO, Lydia. *De onde vem aquela menina.* Jornal Fura-Bolo, nº 11, Fundação Cargill – Ano 2 – Outubro/Novembro – 2002.

.LISPECTOR, Clarice. *Água Viva.* Rocco, 1973.

.LOBATO, Monteiro (1882-1948). *Mundo da Lua – Um diário juvenil publicado em 1923.* São Paulo, Brasiliense, 1951.

.MARQUES, Francisco. *Muitas Coisas, Poucas Palavras (A oficina do Professor Comênio e a arte de ensinar e aprender).* São Paulo, Peirópolis, 2009.

.MATURANA, Humberto R.. *Emoções e Linguagem na Educação e na Política.* Belo Horizonte, UFMG, 2002.

._____. *Amar e Brincar – Fundamentos esquecidos do humano.* São Paulo, Palas Athena, 2004.

.MAUTNER, Anna Veronica. *A violência, a mão e o polegar* São Paulo, Caderno Equilibrio, Folha de São Paulo, 05/08/2004.

.MEIRELLES, Renata. *Giramundo e Outros Brinquedos e Brincadeiras dos Meninos do Brasil.* Terceiro Nome,2007.

.OSTROWER, Fayga. *Criatividade e processos de criação.* 9 ed. Petrópolis: Vozes, 1993.

.PRADO, Adélia. *Poesia reunida.* Siciliano. 3ª edição, 1991.

.RODARI, Gianni. *Gramática da Fantasia.* Summus Editorial,1982.

.ROMERO, Silvio. *Contos Populares do Brasil.* São Paulo, Landy, 2008.

.ROSA, João Guimarães. *Grande Sertão Veredas* – Edição Comemorativa. Nova Fronteira, 2006.

._____ . *Manuelzão e Miguilim.* Nova Fronteira, 2001.

.SAFRA,Gilberto. *Desvelando a Memória do Humano – O Brincar, o Narrar, o Corpo, o Sagrado, o Silêncio.* São Paulo, Sobornost, 2006.

._____ . *Curando com Histórias.* São Paulo, Sobornost, 2005.

._____ . *A Po-ética na Clínica Contemporânea.* São Paulo, Idéias & Letras, 2004.

.SCHWARTZ, Adriano (org.). *Memórias do Presente: 100 entrevistas do "Mais". Conhecimento das Artes.* São Paulo, Publifolha, 2003.

.VASCONCELOS, Sandra Guardini T.. *Puras Misturas.* Hucitec, Fapesp, 1997 .

.WINNICOTT, D. W.. *A Criança e o Seu Mundo.* Rio de Janeiro, Zahar, 6ª edição, 1982.

._____. *Pensando sobre Crianças*. Porto Alegre, Artes Médicas, 1997.

._____. *A Família e o Desenvolvimento do Indivíduo*. Belo Horizonte, Interlivros de Minas Gerais, 1980.

Referência Discográfica

Forró pras Crianças, Biscoito Fino, 2006.
Samba pras Crianças, Biscoito Fino.
Cantigas de Roda, Palavra Cantada.
Histórias Gudórias de Gurrunfórias de Maracutórias Xiringabutórais, Palavra Cantada.
Furunfunfum no Carnaval, Sopro Brasileiro, 2006.
Abra a Roda Tin do lê lê, Lydia Hortélio. Participação especial de Antonio Nóbrega.

Candu Marques e **Lu Mendes** são psicólogas especializadas na área de educação. Desenvolvem projetos educacionais junto a comunidades, creches, escolas e sistemas de ensino. A cultura e a literatura têm sido recursos utilizados em suas atividades desenvolvidas, sejam elas relativas a projetos pedagógicos ou capacitação de grupos de educadores.

Elaboraram o projeto pedagógico e aplicação do Itinerário na educação infantil das escolas municipais da cidade de São Bento de Sapucaí no estado de São Paulo. Acompanham e supervisionam esse trabalho desde 2009.

São responsáveis pela implantação e acompanhamento de projetos referentes a cultura popular em escolas particulares como o Centro de Educação Infantil Espaço Aberto desde 2001 e instituições voltadas para crianças e jovens em situação de risco, como a Casa do Zezinho desde 1990 e o Projeto Quixote desde 2006.

Implantaram o projeto de Literatura e Cultura Popular Pé de Jabuticaba em cinco municípios de três estados brasileiros, Sorocaba, Pindamonhangaba e Mogi das Cruzes em São Paulo, Rio Verde em Goiás, Barreiras na Bahia, sempre com a parceria das secretarias municipais de educação.

Fizeram parte, entre 1999 e 2004, juntamente com o autor Ricardo Azevedo e o editor Zeco Montes, da equipe responsável pela formatação e execução do Projeto Fura Bolo, para a Fundação Cargill, um programa de formação de leitores e cultura popular, que alcançou cinco estados brasileiros e quinze cidades, acompanhando cinquenta mil alunos do fundamental I e capacitando dois mil professores por ano.

Autoras de roteiros de leitura e pareceres para livros de literatura infantil nas editoras: Studio Nobel, Melhoramentos, Ática, Global, FTD e SENAC.

Foram sócias proprietárias da Escola Pirâmide renomeada por Escola Guimarães Rosa (educação infantil e ensino fundamental) sediada em São Paulo no período de 1975 até 1990.

Impressão e Acabamento
Bartira
Gráfica
(011) 4393-2911